写作革命 2.0

在所有学科和年级中通过写作提升思维的指南

［美］朱迪斯·C. 霍克曼　　娜塔莉·韦克斯勒　　凯瑟琳·马洛尼　　著
Judith C. Hochman　　Natalie Wexler　　Kathleen Maloney

张庆彬　译

中国青年出版社

图书在版编目（CIP）数据

写作革命2.0：在所有学科和年级中通过写作提升思维的指南 /（美）朱迪斯·C.霍克曼，（美）娜塔莉·韦克斯勒，（美）凯瑟琳·马洛尼著；张庆彬译. -- 北京：中国青年出版社，2025.9. -- ISBN 978-7-5153-7914-2

Ⅰ．G632.421

中国国家版本馆CIP数据核字第2025DD0685号

The Writing Revolution 2.0: A Guide to Advancing Thinking Through Writing in All Subjects and Grades
Copyright © 2024 by The Writing Revolution 2.0. All rights reserved.
Published by Jossey-Bass.
This translation published under license with the original publisher John Wiley & Sons, Inc.
Simplified Chinese edition copyright © 2025 China Youth Book, Inc. (an imprint of China Youth Press).
All rights reserved.

写作革命2.0：
在所有学科和年级中通过写作提升思维的指南

作　　者：	［美］朱迪斯·C.霍克曼　娜塔莉·韦克斯勒　凯瑟琳·马洛尼
译　　者：	张庆彬
责任编辑：	肖　佳
文字编辑：	吴梦书
美术编辑：	杜雨萃
出　　版：	中国青年出版社
发　　行：	北京中青文文化传媒有限公司
电　　话：	010-65511272 / 65516873
公司网址：	www.cyb.com.cn
购书网址：	zqwts.tmall.com
印　　刷：	大厂回族自治县益利印刷有限公司
版　　次：	2025年9月第1版
印　　次：	2025年9月第1次印刷
开　　本：	787mm×1092mm　1/16
字　　数：	286千字
印　　张：	22
京权图字：	01-2024-3995
书　　号：	ISBN 978-7-5153-7914-2
定　　价：	59.90元

版权声明

未经出版人事先书面许可，对本出版物的任何部分不得以任何方式或途径复制或传播，包括但不限于复印、录制、录音，或通过任何数据库、在线信息、数字化产品或可检索的系统。

中青版图书，版权所有，盗版必究

目录 CONTENTS

赞誉 　　　　　　　　　　　　　　　　　　　　　　　007

致谢 　　　　　　　　　　　　　　　　　　　　　　　011

作者简介 　　　　　　　　　　　　　　　　　　　　　013

序言 　　　　　　　　　　　　　　　　　　　　　　　014

致读者：《写作革命2.0》有哪些新内容 　　　　　　　025

第1章　引言：为何你的课堂需要一次"写作革命" 　　028

第一部分　句子　SECTION 1

第2章　句子：基础知识的学习 　　　　　　　　　　　056

第3章　句子扩写与记笔记：信息阐释 　　　　　　　　068

第4章　句子：增添多样性与复杂性 　　　　　　　　　089

第二部分　长篇写作

第 5 章　写作前计划：确定作品的雏形　　　　　　　　136

第 6 章　简单的线性指南：单段落提纲　　　　　　　　148

第 7 章　修改：整合　　　　　　　　　　　　　　　　179

第 8 章　概括：寻找文章的主旨　　　　　　　　　　　199

第 9 章　步入文章阶段：过渡提纲和多段落提纲　　　　209

第 10 章　明确立场：撰写观点文、正反论证与议论文　249

第三部分　如何评估写作技巧及将霍克曼方法融入课堂教学

第 11 章　标尺与指南：学生写作评估　　　　　　　　282

第 12 章　彻底改变学习：将写作练习融入教学　　　　296

第 13 章　将方法付诸实践：不遗漏任何策略　　　　　307

附录　　　　　　　　　　　　　　　　　　　　　　　323

致托尼-安·弗鲁姆（Toni-Ann Vroom）和迪娜·佐莱奥（Dina Zoleo），感谢他们坚定不移的支持以及在推广和实施霍克曼方法方面所展现出的卓越领导力。

赞誉

《写作革命》提倡从句子到作文的高效排序，把写作技巧拆分成易于掌握的小步骤，而且它还提供了明确且系统的写作指导。书中提供的写作练习和课堂内容紧密结合，而且对计划和修改过程非常重视。多年来，我一直都非常推荐这本书。《写作革命》不仅是教师的得力工具，也有助于学生实现作家梦。《写作革命》掀起了一场写作的变革，我建议所有学校、教师和学生都践行这一指南，以迈向写作成功。

——安妮塔·阿彻（Anita Archer）
《显性教学：有效和高效的教学》（Explicit Instruction: Effective and Efficient Teaching）作者

《写作革命》带来的影响是巨大的，它拓展了我们对于写作如何巩固知识的理解，教会我们如何将优秀的写作课程融入各个学科的日常教学。教育工作者应该认真聆听朱迪斯·霍克曼、娜塔莉·韦克斯勒和凯瑟琳·马洛尼关于如何培养杰出作家的建议。《写作革命》融合了数千小时的教师实践工作经验，体现了作者坚定的信念：每位教师都能够学会高效的写作指导技巧，而且这本来就是他们的职责所在。

——芭芭拉·戴维森（Barbara Davidson）
标准工作公司（StandardsWork, Inc.）总裁
兼"知识至上"（Knowledge Matters Campaign）执行董事

三十多年来，霍克曼方法（Hochman Method）在实际工作中给予了我们巨大的帮助，很多用过这套方法的老师都表示受益匪浅。看到其新版的出版

我们感到特别激动,因为书里讲到的实践技巧简洁明了,能让每个掌握这些技巧的学生写作更加灵活,表达也更清晰。

——大卫和梅雷迪思·利本(David &. Meredith Liben)

《知其所以然,行之更有效:理解力》(*Know Better, Do Better: Comprehension*)作者

这本写作指南是每位教育工作者的必读之书!基于《写作革命》关于写作教学的研究成果,这本极具实用性的书为教师、管理者和其他教育从业者提供了一份强大的写作指南,能够帮助学生提升写作能力和知识水平,是教师的必备工具。

——埃丝特·克莱因·弗里德曼博士(Esther Klein Friedman, PhD)

纽约市教育局前读写与学业干预执行主任,读写学习专家

《写作革命》为教师们提供了有效的写作策略,可以帮助他们在课程教学中融入明确的写作指导。这些策略有助于增加孩子们成为作家的信心,同时也培养了他们的理解力和批判性思维能力。

——洛里·丹德里亚(Lori D'Andrea)

美国纽约市格林堡中心学区读写专家

对许多澳大利亚教师而言,《写作革命》是不可替代的资源,其不仅能提升他们的专业知识水平,还提供了必要的教学工具。从偏远社区到城市中心区域,我亲眼见证了这种教学方法对提升学生写作质量的帮助。

——洛林·哈蒙德博士(Dr. Lorraine Hammond)

澳大利亚勋章获得者,专业学习与教学指导专家

伊迪斯·科文大学教育学院副教授

作为一名校长，我深知我校小学生亟须一个系统化的教学方法来提高他们的写作技能。我校教师团队全面采纳了霍克曼方法，在准备协作学习和规划写作的课程时使用本书提供的丰富资源。每位校长和教师都应该学习最新版的《写作革命》，以更好地提升他们对写作指导的理解和知识水平。如此一来，才会培养出学生对写作的热爱，而且这种热爱将贯穿他们的一生。

——格温多林·佩顿（Gwendolyn Payton）
美国华盛顿哥伦比亚特区公立学校教学主管

《写作革命》的第一版是开创性的，它不仅汇集了众多出色的教学技巧，更从句子层面深入关注了写作指导，改变了人们对传统写作指导的看法。《写作革命2.0》包含更多教学实践案例，这些案例取自作者在众多学校开展的大量工作，并对评估、比较判断进行了重要更新。对于所有参与写作指导的教育工作者来说，这是一部必读之作。

——黛西·克里斯托多卢（Daisy Christodoulou）
"不再评分"项目教育总监

《写作革命》彻底改变了我对写作带来的影响以及如何提升学生在所有学科写作能力的认识。作为一名曾经的STEM[①]教师以及学校和系统的领导者，我非常感激作者能够将写作的科学以如此有效的方式融入课堂。

——让-克劳德·布里扎德（Jean-Claude Brizard）
数字承诺（Digital Promise Global）总裁兼首席执行官

所有教师、地区领导、教育总监以及希望见证内容嵌入式写作指导变革

[①] 即科学（Science）、技术（Technology）、工程（Engineering）、数学（Mathematics）4门学科英文首字母的缩写。

力量的人都将从《写作革命2.0》中获益良多。在全校范围内广泛推广和传授这本书的理念，会使即使最不擅长写作的学生也能够获得成功和进步。这本书包含成为写作高手必备的工具和策略。

——塞雷娜·怀特（Serena White）
美国门罗市学校临时教学主管

简洁而精彩，实用而富有洞见性，《写作革命2.0》是教授写作结构的经典之作。此外，它还能赋予学生表达个性的能力。

——小安东尼·科森蒂诺（Anthony Cosentino Jr.）
玛格丽特·P.埃默里榆树公园学校校长

致谢

我们首先要感谢"写作革命"组织的联合首席执行官迪娜·佐莱奥博士和托尼-安·弗鲁姆博士。他们与团队成员克里斯汀·蒂汉（Christine Teahan）、亚历山大·查洛内克（Alexandria Chalonec）和塔尼亚·哈塞尔万德-张（Tania Hasselwander-Chang）一起，反复审阅手稿，展现出了无比的耐心。此外，他们依据自己在霍克曼方法以及与相关学校合作的丰富经验，为我们提供了宝贵的反馈和建议。对于他们的支持和卓越才能，我们永远心存感激。

"写作革命"项目课程及其资源库由团队成员精心开发，为我们提供了丰富的素材以详细解释书中介绍的策略和练习。

同时，我们也从那些实际运用霍克曼方法的教育工作者那里得到了许多宝贵经验。通过审查评估、访问学校、倾听教师和管理人员意见，以及研究大量基于TWR方法[①]的教学活动，我们对第二版的许多改进有了更深入的理解。来自美国乃至世界各地的教师们不仅分享了他们的教学实践，提出了问题，还提供了极具价值的建议。这些反馈极大地丰富了我们对有效写作指导的认识和理解。

此外，我们还要向其他几位杰出人士表达我们的感谢。乔西巴斯出版社（Jossey Bass）的编辑艾米·范德雷（Amy Fandrei）在本书的整个出版过程中为我们提供了坚定的支持、及时的回应和无尽的耐心。莫琳·福里斯（Maureen Forys）在本书的版面设计上给予了我们巨大的帮助，她的专业指导和积极态度极大地激励了我们完成整个出版流程。瑞秋·莫纳汉（Rachel Monaghan）的编辑工作和专业指导对我们来说也是不可或缺的。"写作革命"

---

① 即由"写作革命"组织开发的霍克曼方法。TWR是the writing revolution的首字母缩写。

的创意副总监贾米卡·史密斯（Djamika Smith）在本书的设计过程中发挥了重要作用，她的贡献至关重要。罗宾·特拉弗斯（Robyn Travers）多年教授霍克曼方法的经验是我们在编辑专业知识和反馈方面的宝贵资源。

最后，我们要感谢家人和朋友的支持和鼓励，感谢他们对"写作革命"这一重要使命的认可和理解。尤其是要特别感谢我们的伴侣史蒂夫·霍克曼（Steve Hochman）和吉姆·费尔德曼（Jim Feldman），感谢他们的支持和理解。

作者简介

朱迪斯·C. 霍克曼（Judith C. Hochman）："写作革命"组织创始人。"写作革命"是一个致力于服务美国及国际教育工作者的非营利组织。霍克曼博士是纽约州黑斯廷斯市的格林堡格雷厄姆联合自由学区的前主管，并担任纽约州白原市的温德沃德学校校长。她还是温德沃德教师培训学院的创始人。此外，霍克曼博士还为美国各地的教育机构、学院和大学以及公立和私立学校讲课、举办研讨会和开设课程。她著有《写作革命》《基本写作技巧教学》等书。

娜塔莉·韦克斯勒（Natalie Wexler）：美国华盛顿特区的教育记者，她的关于教育的深刻见解常见刊于《大西洋月刊》《华盛顿邮报》《纽约时报》等知名期刊。她在新闻订阅平台Substack上运营着一个名为"弥合差距"（Minding the Gap）的账号。娜塔莉还担任"知识至上"播客第一季的主持人。她的著作包括《写作革命》《知识差距：美国教育体系崩溃的隐藏原因及其解决方法》。

凯瑟琳·马洛尼（Kathleen Maloney）："写作革命"组织首席运营官，将她对读写教育的热情带入她的工作，负责监督组织的日常工作，以及与联合首席执行官共同规划组织的未来方向。在此之前，她是一名英语教师与读写教练，在自己的课堂上实践霍克曼方法，并且领导该方法在全校范围的实施。

序言

朱迪斯·C.霍克曼和娜塔莉·韦克斯勒合著的《写作革命2.0》是一部能令人终身受益的杰作。这本书基于实践，经过无数课堂检验，符合学习的科学和教育学原理。本书详尽阐述了如何高效地传授一项对学生至关重要且受益终生的技能。这是一部经得起时间检验的著作。

这篇序言最初发表在本书的第一版上，但对我来说，时至今日它仍然像我第一次为本书写序时一样，充满了现实意义。它不仅反映了我个人对《写作革命》中诸多理念的深刻思考，也是我将这些理念应用于子女教育实践的反思。每一次对书中原则的实践都再次印证了它恒久的价值。

我并非唯一对这本书给予高度评价的人。自本书面世以来，成千上万的教师阅读并成功应用了书中的理念。它已经引起了一场真正意义上的教育革命。

然而，尽管这本书本身的价值是永恒的，但我们所处的世界——无论是整个社会还是学校内部——都在以惊人的速度变化着。在意识到这一点后，霍克曼和韦克斯勒决定对本书进行全面的更新，而我也在原序言的末尾添加了一些个人的新思考。

几年前，我们全家曾在伦敦生活了数月。那时我的孩子们分别是13岁、11岁和6岁。我在那里工作，所以全家决定抓住这个难得的机会，住在这个世界上最伟大的首都之一。我们会定期参观大英博物馆，搜寻市场的美食小吃，徒步追寻这座城市里的中世纪城墙等历史遗迹。我们还曾进行过巴斯和剑桥一日游，甚至有了自己钟爱的当地酒吧，这种美妙体验难以言表。

那是一次令人难忘的经历，其奇妙之处在很大程度上源于我们出发前与这本书的作者共享午餐时的对话。一两年前，我在《大西洋月刊》上读到了一篇关于朱迪斯·C.霍克曼在新多普高中工作的文章，这篇文章令我印象深刻。霍克曼提倡将写作指导紧密融入学科内容。她认为句子的写作练习常被忽视，很少有人会系统性地教学生写句子。她坚信，掌握句法，或者说"句法控制"，是更好的写作与更好的阅读之间的桥梁。她相信通过刻意练习可以培养阅读技能。她的工作既具有技术性又极为细致，且已经获得了一定的成果，而且这正是我感兴趣的领域。

于是在一位朋友的撮合下，我驱车前去拜访她。她很快就显露出她亲切的一面，因为她邀请我到她在纽约市附近的家去。那次会面成了我职业生涯中最难忘的一天。我清楚地记得自己在笔记本上一页接着一页地疯狂记录着她分享的每一个洞见——关于写作的真谛，它与阅读及思考的关系，以及为什么那么多孩子在学习写作时会受到挫折。霍克曼一遍又一遍地阐述着一个在我脑海中徘徊已久的想法，并将其转化为一个清晰、逻辑性强的实践模式。她完美地阐释了教育工作者们正在摸索的想法以及如何将它们付诸实践。

我写得不够快，但我清楚地记得我当时的想法：等我回到家，我一定要阅读她写的所有东西。然而，这成了唯一的遗憾。当时并没有一本书将霍克曼阐述的这些想法完整地记录下来，供像我这样的读者深入阅读。我只能依赖那些匆忙记在笔记本上的观察和洞见，期待着霍克曼有一天能够撰写出你现在所阅读的这本书，以及她所倡导的句子扩写练习。

这次见面成为我伦敦之旅的一份珍贵礼物。在我们见面的那一天，霍克曼用了大约二十分钟时间来阐述她的理念。她认为句子是写作和思考的基础，是"完整的思想"，我们都赞同这一观点。但如果仔细观察学生在写作中所表达的这些所谓的完整思想，会发现它们往往过于生硬、重复且缺少灵活性。将思想转化为书面文字是为了记住其内容，而学生——至少大多数学生——远未掌握足够的句法形式和工具来捕捉和表达复杂思想。他们不能同时表达两种想法，其中一种想法占主导地位；他们无法表达那些被突然涌现的另一种观点所打断的思路；他们的思想落在纸上会显得贫乏，因为那些句子无法捕捉思想的精髓，无法将思想串联起来，最终也难以清晰地表达出来——这种情况是最糟糕的。形成复杂思想的一种方法是写作，且通常要慢慢地扩写、修改和完善，就像我现在在第10次、第20次或第100次草拟和修订这篇序言时所做的那样。学生因为无法清晰地表达他们的想法，也就缺乏在写作中精确捕捉和串联复杂思想的实践，最后导致他们越来越少地表达复杂想法。或者，他们的思想开始变得和他们所写的句子一样容易预测，既不复合也不复杂。原本连贯成线的思想，最终变成了一堆断裂的线头，每个线头都仅仅包含一个简单的主谓宾结构。

霍克曼提出的解决方案是定期进行有意识的练习，拓宽学生的句法视野。你可以要求学生有目的、有步骤地训练，帮助他们取得显著进步。霍克曼特别强调，这种练习必须在内容丰富的环境中进行，因为"内容决定严谨性"。要让思想从内部推动，句子才能实现扩展和突破限制。只有丰富的内容才能让句子实现细致入微的表达。

霍克曼的句子扩写练习之一是"because-but-so"（因为—但是—所以）练习，这个方法很简单：给学生一个句子的主干，然后要求他们利用常见的连词"because""but""so"分别用3种不同的方式进行扩展。这种练习会让学生意识到每个句子都是可以不断扩展的。正如霍克曼在书中所述，这种方法将"促使他们批判性地、深入地思考他们正在学习的内容——比仅仅要求他们写一个句子来回答一个开放式问题要深入得多"。这不仅能培养学生流利地串联思想的能力，而且通过不断练习和变化，还能帮助他们理解从属和并列等更广泛的概念。

说到这里，我想略花篇幅谈谈那些常被人忽视的从属和并列概念。我承认这些板书时代的老旧概念可能让人觉得无聊，甚至可笑，但我还是恳请您能控制一下打哈欠的冲动。从属和并列概念似乎带有为了学习语法而学习语法的意味，几乎没有老师关注这方面。相反，他们更倾向于确保句子的正确性，而忽略对句子各部分进行深入分析。当然，告诉孩子们"听起来对就行"，或是让孩子们偶尔纠错却不用考虑其背后的原则，这种做法要简单得多。

然而，并列和从属实际上是值得深入关注的强大原则。它们不仅描述了思想之间的连接方式，更揭示了不同思想相互连接时的微妙差异。想法之间的连接和这些想法本身一样有意义。掌握连词的使用意味着能够表达两个思想之间的相互关系，比如其中一个可能比另一个更重要，一个可能依赖于另一个，或者这两个思想之间存在对比或冲突的关系。掌握这项技能对于写作至关重要，对于阅读也同样不可或缺。那些难以理解复杂文本的学生通常能够理解句子中的单词和从句，但将它们之间的相互关系整合起来，往往就会出现问题。他们可能理解了句子的前半部分，但忽略了后半部分中质疑其真实性的提示。因此，如果未能掌握表达关系的句法，即并列和从属的概念，那么能力较弱的读者就无法真正理解这个句子。

在过去的几周里，我一直在思考这些简单的练习对教师和学生的影响，但我的思考并不局限于教育工作者的角色。比如作为一名父亲，我对这些练习同样感兴趣，我想这是对教育理念最真切的检验。

几个月后，我来到了伦敦。我在我家做了3个月的家庭教育指导，长久以来，这几个孩子一直是他们父亲众多教育实验的参与者。为了培养他们持续写作与思考的习惯，我鼓励他们写日记。在这个过程中，我逐渐意识到自己正在运用并调整霍克曼的练习。这些练习完美总结了漫长的一天的探索。

几周前，我在我11岁女儿的日记中又发现了一些早期的because-but-so练习。

我给她的句子主干是：

"The Great Fire of London burned 4/5 of the city..."

她这样写道：

The Great Fire of London burned 4/5 of the city, because **at the time, citizens didn't have the knowledge or equipment to stop the fire before it spread.**

The Great Fire of London burned 4/5 of the city, but **London survived and thrived.**

The Great Fire of London burned 4/5 of the city, so **many people had to live in temporary homes until the city was rebuilt.**

在参观自然历史博物馆之后，我又给出另一个句子主干 "The length of T-Rex's arms is surprising..."。

她写道：

The length of T-Rex's arms is surprising, but **this may have been a mid-evolutionary stage and had they lived for another million years their arms might have disappeared altogether.**

没过几周，我再次给了另一个句子主干 "Farleigh Hungerford Castle is now in ruins..."。

她这样写道：

Farleigh Hungerford Castle is now in ruins because **of weathering and age.**

Farleigh Hungerford Castle is now in ruins, but **it is arguably even more interesting now (while in ruins) than ever before.**

Farleigh Hungerford Castle is now in ruins, so **you are able to use some imagination when envisioning the castle at its peak.**

我们将这些练习融入日常生活中，随着练习的持续进行，孩子们在扩写句子时使用的句法结构范围和自信心都得到了显著提升，他们开始表达更丰富的想法，并能牢记在心。

霍克曼在她家客厅介绍给我的另一个句子扩写练习（本书后文有详细描述）即同位语刻意练习。简短的插入语，就像这个你正在看的短句一样，也可以是同义词或者进一步解释句子中某个名词，其结构可能非常复杂。掌握这一概念，学生就能在句子中扩展思想，添加细节或细微差别，使附加信息成为整体思想的一部分。掌握同位语后，学生能在一个句子中将更多事物联系起来，形成相互关联的句子结构，从而减少冗余和脱节。我的孩子们通过同位语的练习回顾他们的伦敦之旅。

在游览了剑桥及历史悠久的剑桥大学之后，我让孩子们使用霍克曼的同位语练习来完成下面这个句子："In Cambridge the 'backs' are in fact the 'fronts'."（在剑桥，"背面"实际上是"正面"。）这句话可能听起来有些难懂，它实际上指的是，当你乘船沿着剑河顺流而下时，你面对的是那些历史悠久的学院建筑的背面，但这颇具讽刺意味，因为这些建筑原本主要是为了让人们从河边——也就是背面——观赏而设计的。我的女儿以一种流畅而优雅的笔触捕捉到了这一点，她用同位语扩写出来的句子甚至比之前你读到的冗长描述还要出色。她这样写道：

> In Cambridge, *a small town with a world-renowned university,* the backs, *the sides of the colleges that face away from the street and therefore onto the river,* are in fact *the elaborate entrances,* the fronts.

我将她添加的同位语用斜体标注出来。从教学和学习的角度来看，这句话有几个有趣的点值得关注：

1. 它包含了三个不同的同位语，我女儿巧妙地用这三个同位语来扩展她对剑桥的描述，进一步解释了"背面"和"正面"的意思，让不熟悉剑桥的读者更容易理解。这种解释方式在学术论文中很常见，也是一项重要的学术技能。但即便如此，这三个同位语也出乎意料地复杂。

2. 第二个同位语解释了"背面"的含义，它实际上是一个复合同位语。首先，她提到了背面是剑桥大学背对街道的那一侧。这个短语本身是一个同位语，但随后她又通过从属关系添加了第二个同位语，进一步解释说背面也是那些建筑面向河流的那一侧。需求是创造之母。为了阐明她所了解的信息，并使这句话内容更加丰富，她拓宽了自己的句法视野，尝试了一种复杂的双重同位语结构。

3. 第三个同位语尤其有意思。在这个例子中，我女儿颠倒了同位语形成的常规顺序。通常情况下，同位语短语位于句子中相应的名词之后。然而在这个例子中，她却将同位语置于名词之前：the sides of the colleges that face away from the street and therefore onto the river, are in fact *the elaborate entrances, the fronts.* 她打破了常规，再次展现了她日益增强的语言驾驭能力。世界上任何语法课都无法让她如此深刻地理解和运用复合同位语和倒置同位语，但在短短几周内，她却能够巧妙地构造出这样的句子。

我们在伦敦的日子一天天过去，我让孩子们尝试新的句子扩写练习，这些练习对他们来说变成了一场探险——他们能否清晰地表达出一个重要的想法，同时还能迎接我设置的结构性挑战？

他们能否在参观了邱园（Kew Gardens）之后，写出一个关于药用植物的句子，以 surprisingly（出人意料地）开头，再用上 medicinal（药用的）和 extract（提取物）？又或者，他们能否以 standing atop（站在……上）开头，用一句话来描述俯瞰普里姆罗斯山（Primrose Hill）时看到的景色，但不使用普里姆罗斯山这个名字？

从这个意义上说，我们的伦敦之行其实是一场对本书中不断强调的几个主题的探索之旅。我相信，霍克曼和韦克斯勒对这些主题的探讨对任何一名教育工作者来说都将非常有启发。

第一个主题是，如果我们希望学生成为出色的作家，我们必须愿意通过刻意练习来教写作。写作需要刻意练习，但这显然与简单的重复练习有明显区别，正如霍克曼所解释的，重复练习恰恰是许多学校尝试教写作时所采用的方式。让我用最直白的语言重新阐述：单纯的重复练习并不能让你在某个领域变得更出色。这就是为什么你现在的驾驶技术与你24岁时相比没有任何长进。你每天早晨开车上班，却没有刻意地专注于提高任何特定驾驶技能。你没有获得任何反馈，甚至不清楚需要掌握什么样的驾驶技能。因此，你永远不会有所提高。实际上，你甚至可能还会退步。

有研究表明——特别是心理学家安德斯·艾利克森（Anders Ericsson）的研究，要想通过练习提升技能，必须要有一个具体而集中的目标，并逐步将一系列小目标连接起来，创造相互关联的技能。此外，在练习时还应根据认知负荷理论设置结构，也就是说，练习必须具有一定难度，能提出真正的挑战，但又不至于太难，以免学习者陷入随机、无效的猜测，或者过于困难，导致大脑直接停止思考。正如认知科学家丹尼尔·威林厄姆（Daniel Willingham）所指出的，大脑在面对适度挑战时学习效果最佳。最后，刻意练习需要全神贯注，这种专注度会在短暂而集中的练习中达到顶峰。本书提出的一系列可调整的高质量练习均有助于进行刻意练习，几乎所有学校都应立即采纳。

第二个主题是密不可分的写作、思考和阅读。写作、思考和阅读是构成思想的三项任务，因此专注于其中任何一项的提升，对其他两项都会产生深远的影响。美国作家琼·狄迪恩（Joan Didion）有一句名言："我写作，是为了知道我在想什么。"因此，修改并不孤立于写作本身。作为一名职业作家，我深知一个道理：一旦句子出现在你的电脑屏幕上，你就已经在计划着如何修改。帮助学生掌握写作中的这个隐秘阶段至关重要，学生能否发展出经过深思熟虑的想法，而不仅仅是匆忙写下第一印象的产物很大程度上取决于这点。本书对修改的重要性和合理性的探讨,对学校教育非常有价值。

第三个主题是,这些技能有其特定的范围和顺序。实际上,如果你有幸掌握霍克曼的智慧和知识作为指导的话,写作是可以被有计划、有步骤地传授的。现在,你所需要的写作方法霍克曼已经为你准备好了。写作任务和练习也已经为你概述和组织完毕。你只需要执行即可。

第四个主题是嵌入内容。写作的重要性等同于甚至更甚于任何一项独立学科。写作与思想相辅相成——表达的需求是写作存在的根本原因,否则写作就会显得不自然、造作。本书将指导你如何将学校的每一间教室转变为"写作密集型"教室,进而营造学习密集型环境。如果我挥挥魔杖就能让学校发生变革,显著提升学生的学习成绩,我肯定会确保学校的每个课时都有短暂而深刻的高质量写作时刻。

也许,我最后的领悟来自我的伦敦之行:如果教育得当,写作本身就是一种乐趣。每次写作都是在创造一些真实且持久的东西,它是快乐的源泉,正如其出人意料的形式一样。成功的写作会赋予作者一种持久的创造激情以及构建的神秘感和满足感。当你凝视着纸面,想着"这个想法究竟从何而来?"时,你就知道自己走在了正确的道路上,你会意识到,对写作技艺的掌握正在引导你前行。从这个意义上说,这是一本具有魔力的书,它能给你的学生带来一场思维革命。

正如我先前所述,在这个不断变化的世界里,我们必须传授不受时间影响的写作技能。自本书首版问世至今,社会的重大变化都与技术领域的巨变有关,尤其是智能手机的普及和人工智能技术的蓬勃发展。值得我们深思的是,这些技术进步如何影响《写作革命》中所阐述的相关理念。请允许我提前透露一点:技术的进步只会进一步强调这些理念的重要性。

智能手机会分散学生的注意力。当然,智能手机会分散每个人的注意力,但学生的大脑仍在发育,他们更容易受到这种影响。这种现象影响着所有学科和所有内容，在写作方面尤为显著。正如霍克曼和韦克斯勒指出的，写作非常依赖执行功能和工作记忆。屈服于分心、无法保持持续的专注力或频繁偏离主题的代价尤其高。写作和改写需要持续的自我监控、坚持和长时间的专注。

有效的写作教学，正如《写作革命》所做的一样，培养和巩固了这些基本技能，在智能手机等现代干扰因素日益增多的今天尤为重要。本书提出的教学模式，经过精心设计，旨在培养学生的耐力和毅力，为培养学生注意力提供了一种结构化的训练方法。

此外，在一个充斥着干扰因素——比如不断推送的信息——导致思考活动越来越稀缺的时代，我们可以利用TWR的教学模式，有意识地培养耐力和毅力，从而更专注地投入学习。本书提供的灵活练习、工具和框架，可以用来构建更加深入的写作教学，帮助学生培养提高注意力的技能。写作为学生提供了一个放慢思维步伐、进行深思熟虑的机会，是一项我们绝不能忽视的技能。

当学生因他们的写作成果感到自豪时，这种持之以恒的写作就显得尤为珍贵。要让学生领悟坚持不懈的意义，精心设计并有意识规划长篇写作模式就显得尤为关键。《写作革命》提供的写作计划过程使得接下来的步骤变得明晰且易于实施。它始终将核心要点置于首位，能够帮助学生培养执行功能技能（Executive Function Skills）。我建议你在相关内容旁边做个记号，因为你可能需要经常重温那里。

同时，我建议你经常回顾关于修改的那一章。比较短的、句子级别的写作练习的最大好处之一是句子可以快速学习和轻松修改。写作越是简短，我们就能越快、越容易地捕捉、反思、改进并发展一个想法。这使我们能够婉转地向学生传达一个信息：他们的第一反应并不完美，在追求"即时反应"

的社会中,这种认识尤为重要。像实时投影展示①(Show Call)这样的技巧在促进即时学习和句子修改方面非常有效,它培养了学生在写作中持续追求改进的文化氛围。

人工智能给教育工作者带来了另一种挑战,尤其是在保证课外作业不抄袭这件事上。这可能导致各学科重新重视课堂限时写作评估。正如喇叭裤和黑胶唱片重返文化潮流的顶峰,这提醒我们不可忽视蓝皮答题本的潜力。②

这种课堂限时写作可能会在各个学科中重新流行,成为评估学生独立思考和知识掌握的关键工具,这进一步提升了写作技能的重要性。实际上,这种写作通常是在一定时间限制和压力下完成的,有助于锻炼学生的规划和执行能力。在未来教育的新时代,定义、追求和专注于特定主题所需的执行功能技能,将成为至关重要的能力之一。

虽然写作是一项历久弥新的技能,但它此时比以往任何时候都更加重要,同样,精通写作指导也变得更加关键。请用心感受这本书。深入研读它,积极实践它,并在其中寻找乐趣,观察它如何助力你更好地支持学生。

道格·莱莫夫(Doug Lemov)

道格·莱莫夫在一家非营利性的学校管理组织——不凡学校(Uncommon Schools)培训教育工作者,他也是该组织的联合创始人之一。他著有《像冠军一样教学》(*Teach Like a Champion*,现已升级至3.0版),并与其他作者合作出版了《实地指南》(*Field Guide*)、《重思阅读》(*Reading Reconsidered*)以及《刻意练习》(*Practice Perfect*)等作品。

---

① 教师将学生的作业或回答(通常是书面内容)实时投影展示给全班,供集体分析、讨论和改进。
② 在美国,考生通常在一本蓝色的答题册作答。

致读者:《写作革命2.0》
有哪些新内容

自《写作革命》第一版于2017年面世以来,世界发生了很多变化。但是,教师们对一份清晰、系统的写作指导手册的需求也比以往任何时候都更为迫切。

我们见证了人工智能程序的崛起,它们能在短短一分钟内创作出一篇文章,写得比许多高中生或大学生还好,而且你还很难发现它是由计算机生成的。由于无法确保学生提交的是自己的原创作品,一些教育工作者甚至开始怀疑在这个时代布置写作作业的意义。也有观点认为,我们可以像数学课上使用计算器那样,利用人工智能生成文章,让学生以此为基础进行编辑和润色。这样,他们就能将注意力集中在写作的更高层次要素上,比如风格的把握。

遗憾的是,世上并无捷径能让学生一夜之间蜕变为杰出的作家。一方面,许多学生还没有掌握成为优秀编辑者所需的基本写作技能;另一方面,写作过程本身就是一个学习过程。如果学生只是去修改那些并非自己创作的作品,他们记住的内容可能会更少,对材料的理解也可能更浅薄。如果他们对复杂的句子结构不够熟悉,甚至还可能无法理解文本。本书描述的写作指导简明易懂,在融入日常课堂教学后能有效使学生获得学业成功以及未来所需的技能和知识——当然,有些学生可能还是会选择依赖人工智能来起草一篇文章。

在这个大背景下——再加上"写作革命"团队的专业知识——我们的团队已经用这种方法培训了成千上万名教师,并与采用这种方法的学校紧密合作,因此,我们在本书的新版本中做出了一些重要更新。《写作革命》第一版的影响力超出了我们的预期，它不仅影响了众多教师，还收获了广泛而积极的反响。尽管如此，我们认为本书还有改进的余地。

熟悉第一版内容的读者将在本书中注意到以下变化：

- **在新版中，除了原有的单段落提纲（Single-Paragraph Outline，SPO）和多段落提纲（Multiple-Paragraph Outline，MPO）之外，我们引入了两个新的可选步骤：过渡前提纲（Pre-Transition Outline，PTO）和过渡提纲（Transition Outline，TO）。** 我们注意到，许多学生在掌握了撰写提纲和段落的基本技巧后，便跃跃欲试地想要迎接长篇写作的挑战。然而，他们可能还没准备好应对多段落提纲的高要求。多段落提纲要求学生在将提纲转化为草稿时，能够流畅地写出引言和结论，这些段落往往更具挑战性。过渡提纲则简化了这一过程，它只需学生在开头写一个论点，在结尾加上结论陈述，并在每个主体段落中添加一些注释。对于那些尚未掌握过渡提纲或多段落提纲格式的学生，过渡前提纲可以帮助他们思考多段落提纲以及文章写作的要求。

- **调整了句子练习的顺序。** 本书比第一版《写作革命》更早地介绍句子扩写练习。练习将一个简单句扩写为复杂句，有助于学生学习如何提供读者所需的信息。

- **在句子练习中引入过渡词汇。** 在第一版中，我们在修改内容这一章才引入过渡词汇。使用过渡词汇是句子修改的一个重要元素，学生可以在句子练习中更早地练习这种技巧。

- **为所有策略提供更多的示例。** 我们希望这些示例能够帮助读者将这些策略应用到他们正在教授的课程中。

- **新增了讨论问题。** 我们注意到许多教育工作者在以小组形式阅读和讨论这本书，希望这些新增的问题能为他们提供指导。独立阅读本书的教师同样能够从中受益。

- **提供更多的资源**。本书提供了更多的资源，方便读者获得一系列新增的、可定制的模板，以及各种教学中的活动示例。此外，我们还提供了海报、教学进度指南示例和评估工具等资源。
- **对评估的更多讨论**。新版本增加了关于形成性评估和总结性评估的内容，以及如何在学年初期、中期、末期管理写作题目要求，以及对学生的回答进行评估。

无论你是第一次接触《写作革命》，还是已经使用多年，我们都希望这些改进的内容对你有所帮助。我们相信很快你就能看到你的学生在自信心和写作能力上取得显著进步。

我们在本书中穿插了许多学生作品作为示范。这些示范作品中，有些是真实的学生作品（我们已使用学生化名或删除了其姓氏），有些则是由"写作革命"团队成员创作的。在某些特殊情况下，我们经当事人许可使用其真实姓名并将其明确标注出来，除此之外，其他教育工作者和学生的名字已经进行了处理。此外，书中包含的一些轶事和课堂示例，虽然来自真实的教学经历，但我们融入了虚构的人物和事件。

第1章

引言：
为何你的课堂需要一次"写作革命"

学年伊始，卡佩罗（Cappiello）老师正准备给她的9年级学生布置首次写作作业。她并不抱什么期待，因为根据过去几年的教学经验，她发现虽然学生在日常对话方面没什么问题，但一旦涉及写作，情况便截然不同。即便到了学年末，学生提交的写作作业依旧缺乏深度和连贯性。

"这可不是好作文或坏作文的问题，"去年春季学期她向一位同事倾诉时说，"更像是，我根本看不懂他们写了什么。"

根据教学计划，学生应在每个教学单元结束时完成一篇作文，并在考试中完成论述题。但卡佩罗老师疑惑的是，如果学生连一段话都写不明白，她该如何教他们完成这些任务？过去，她发现许多学生难以写出连贯的句子，而她在教师培训中也未曾学到过如何教写作。

为了评估新学生的写作水平，卡佩罗老师要求他们描述一个小说、故事或戏剧中的角色是如何变化的。大多数学生写出的第一句话，听起来更像是他们口头回答时会说的话。

一个名叫迈克尔的学生写道：

In Star Wars Theres a character named Anakin skywalker who changed OVerTime in a very Dark way.

另一个名叫玛丽亚的女孩写道：

I have been reading a book about a kid who is in school.

> 大多数作文从第一句之后便开始走下坡路。句子排列毫无章法，有些甚至称不上是句子。即便是句子，也都采用了相同的简单结构。只有极少数学生尝试用类似结论句的方式来结束段落。
>
> 卡佩罗老师叹了口气，看来今年和往年一样。她渴望帮助学生学会用写作来表达自己，但不知道从何处着手。

教师需要的是一份详细的"明确写作指导"计划

卡佩罗老师的困境并非个例。放眼全美国，许多学生难以在作文中表达清晰、连贯的思想。在全美考试中，能在写作上达到熟练水平的学生仅有约25%。

然而，说明文写作（Expository Writing），即阐释和表达的写作，对于在学术和职业领域取得成功至关重要。不能胜任写作的学生，在中学乃至大学的学习中都会遇到困难。无论学生未来选择何种道路，能够以易于他人理解的方式将自己的想法诉诸文字都尤为关键。

但问题并不在于学生缺乏写作的潜能。真正的问题在于，许多学校并未教授学生有效的写作技巧。教师们或许会布置作业，但他们可能并不知晓如何通过一系列严谨的逻辑步骤，从句子层面开始系统地教写作。

正如卡佩罗老师一样，大多数教师在培训过程中并未接受有关如何教写作的指导。长期以来，人们普遍认为，只要学生多看、多写，他们就能以某种潜移默化的方式自然而然地掌握写作技能。这有时被称为"写作熏陶法"。然而，几乎没有证据支持这一观点。例如，最近在挪威进行的一项为期两年的针对儿童的研究显示，单纯增加写作量并未对他们的写作质量产生影响。

有确凿的证据表明，很少有学生能够独立地成为出色的作家。许多学生——哪怕是在大学阶段——也难以写出一个通顺的句子，更别提撰写一篇流畅且连贯的文章了。或许你就有这样的学生，甚至可能是大多数学生属于这一类。

有效的写作指导应当从小学抓起。然而，现实中，小学生即便有机会进行写作练习，也常常被过早地引导去尝试长篇作品的创作。他们不会先学习如何构建有趣且语法正确的句子，也不知道要在长篇写作之前制定计划或提纲。普遍的观念是，学生可以在教师的辅导下完善自己的写作，使作文条理清晰，并修正语法和标点错误。但在收到反馈后，学生可能并不愿意去修改一篇已经耗费他们数小时心血的长篇作文。而教师面对满是错误、缺乏连贯性的作文，也可能无从下手。

当学生步入初中或高中，人们往往想当然地认为他们已经掌握了基础写作。但正如卡佩罗女士这样的中学教师所意识到的，这种想当然与实际情况往往大相径庭。教师不是从教学生所缺乏的基本技能开始——例如，指导学生写出精心构思的句子——而是想让学生达到相应年级水平并写出多段落文章。

长期以来，人们一直期望高中教师可以让学生根据所学课程进行分析性写作。但在过去，许多学生在小学和初中阶段除了记叙文外，很少接触其他类型的作文，而且这些记叙文的内容通常也都与他们个人的经历有关。这类写作练习对他们即将到来的高中、大学或职场生活作用并不明显。

许多地区已经修改了教学标准。结果现在变成几乎所有年级的教师不但要指导学生写记叙文，还要写说明文和议论文。于是，我们看到网络上充斥着各种教授这些技能的工作表——例如，"观点写作"工作表，要求1年级学生表达他们更喜欢巧克力豆还是彩虹糖。

这些东西对高年级学生的分析性写作和议论文写作帮助并不大，而且，关于如何进行有效教学也鲜有可靠的指导。虽然写作标准明确了学生应达到的水平，但教师们真正需要的是一份能够明确指导他们去引导学生进行有效写作的详细规划。

非营利组织"写作革命"向全球教育工作者推广霍克曼方法并提供明确教学计划。霍克曼方法提供一种明确、连贯且基于证据的教学策略，适用于任何科目和年级。这种方法已被一次又一次地验证有效：它让学生专注于提升特定的写作技巧并给予他们及时而明确的反馈，成功地改善了学生的写作能力。虽然许多学生面临的写作挑战看上去似乎难以克服，但TWR方法能够带来显著的变化（在本书中，我们将交替使用"霍克曼方法"和"TWR方法"这两个代表相同含义的术语）。

写作指导对教师和学生有何帮助

明确的写作指导能够通过以下方式提高学生的写作水平：

- **识别理解上的盲点**。当你让学生写下他们所学的知识时，你很可能会发现他们知识体系中的重大缺口，也许就是这些缺口正在妨碍他们理解相应年级的学习材料。

- **让学生熟悉复杂的句法**。与口语相比，书面语言在词汇和句法（即句子构造）上更为复杂。对于那些不熟悉这些复杂结构的学生来说，理解书面材料常常是一个挑战。这个问题普遍存在。一项大规模的长期研究发现，只有不到10%的美国8年级学生能够"评估复杂句法"。正如阅读专家蒂莫西·沙纳汉（Timothy Shanahan）所指出的："现在有大量严谨的研究表明，对句法的理解与阅读理解能力息息相关。"当学生在自己的写作中练习使用更复杂的句法和词汇时，他们在阅读中遇到类似内容时就会更容易理解。

- **提高阅读理解和学习能力**。研究表明，各个年级的学生在写他们读过的内容和学过的内容时——不仅是英语，还包括社会研究、科学和数学等学科——他们的阅读理解水平和学习能力都有所提高。跨学科写作能够"提升阅读理解力、批判性思维能力以及学科知识掌握"，这一观点得到了美国教育部召集的专家小组的一致认同。例如，一项针对英语学习者和数学学习障碍学生的研究发现，当他们被教导重新表述应用题时，他们的数学能力获得了显著且持久的进步。

- **增强口语能力。** 随着学生在书面语言中开始使用更复杂的词汇和句子结构，他们中的许多人会将这些表达融入口语。

- **改善组织能力和学习技巧。** 完成TWR方法中的练习后，学生将学会如何改写、做笔记、总结和制定提纲。这些技巧可以帮助他们吸收和记忆关键信息。有研究发现，"总结"对于学习有困难的阅读者具有强烈影响。经过对相关研究的深入审查，美国国家阅读委员会得出结论：总结对于学生整合观点、概括信息以及记忆知识具有显著的促进作用。

- **培养分析能力。** 写作过程中，即便是年幼的学生也需学会如何组织自己的想法，并能对信息进行有效排序。随着年级的提高，学生需要筛选和甄别更多资料，自行判断哪些内容至关重要，识别哪些事实和观点相互关联，并且能够将自己的想法有条理地组织起来，形成逻辑严谨的表达。以系统化和循序渐进的方式教学生写作，就是教他们如何思考。

那些有机会学习TWR方法并实践精心设计的练习的学生，在理解阅读材料、口头表达和批判性思维方面有显著提升。

"写作革命"组织简史

几年前，我和大多数教师一样，会安排一些侧重于学生个人经历、创造力和情感的写作练习：比如去一个虚构的国度旅行，或者描述他们生活中一个有意义的瞬间。在我的本科和研究生教育中，我没有发现任何有关写作指导的课程，也没有老师要求我阅读任何关于有效写作指导的研究（这里的"我"是指作者朱迪斯·霍克曼）。

后来，作为一名教育管理者，我观察到许多类似的课堂实践。高年级的教师在布置作文时，往往会假设学生知道如何整理和组织信息、如何清晰连贯地与读者沟通，以及如何撰写合理的引言和结论。但结果一再戏剧性地证明这些假设是错误的。

我对学校教写作和阅读之间的差异感到震惊。我在教阅读时，并不会简单地给学生一本书然后告诉他们"去读吧"。我采用的是一种名为奥尔顿-吉林厄姆法（Orton-Gillingham Method）的阅读教学法，这种方法已经经过充分的研究。它提供明确的语音教学刻意帮助解码，并使用有序排列的练习来巩固技能，直至学生能够流利且准确地阅读。然而，谈到写作——一项更加艰巨的任务，我却没办法给学生提供他们所需的工具。如果他们的写作不达标——这是常有的事，我们通常只是告诉他们"你可以做得更好"或者"增加更多细节"。显然，这样的指导远远不够。

当时和现在一样，学术研究者更关注阅读，而不是写作。因此，我开始尝试写作教学。无论是一开始作为课程总监，还是后来担任学校校长，我都在指导教师走出孤立教写作技巧的模式。我们鼓励学生将写作与他们正在学习的课程内容结合起来。我们的反馈可能是"将你最有力的论据放在作文的结尾""在陈述观点时使用过渡词"或者"尝试用从属连词开启你的论点"。因为我们已经明确地教了他们如何使用这些策略，所以他们能够正确地回应。

我目睹了这些技巧在学生身上产生的效果，而且还发现那些致力于探索最佳写作指导方法的学者们所收集的证据也印证了这些技巧的有效性。这些技巧不仅让学生成为更出色的写作者，还显著提升了他们的分析思维、阅读理解和口语表达能力。

2012年,《大西洋月刊》发表了一篇报道,讲述了这种方法在纽约市一所表现不佳的高中取得的显著成效。文章指出,在这所学校采纳霍克曼方法之前,许多学生甚至不知道如何使用像"but"和"so"这样的连词来造句,更不用说使用"although"和"despite"这样更复杂的词汇了。在实施这些新的写作策略几年后,这所学校各种成绩指标都有了显著提升。

这篇报道激发了人们对这种方法的极大兴趣,由此我成立了一个非营利组织,并以《大西洋月刊》那篇文章的标题"写作革命"作为组织的名称。

美国各地的教育工作者,实际上是世界各地的教育工作者,一直在通过"写作革命"组织提供的课程学习以及实施这种方法。我们发现,教师们渴望得到关于如何教写作的指导,然而大多数教师培训项目都没有涉及这一点。许多参与过TWR课程的教育工作者发现,他们的学生能从这种明确的、循序渐进的写作指导中获益。霍克曼方法及其所依据的原则有益于任何学校、任何年级以及任何学生。

为何有许多学生未能从写作中获益

我们已经列举了写作的许多潜在益处,强调了它在提升阅读理解、口语表达以及整体学习能力方面的作用。然而,遗憾的是,许多甚至绝大多数学生未能获得这些益处。

一个基本原因就是写作本身是极端困难的。实际上,这可能是我们要求学生完成的最具挑战性的任务之一。因为写作对工作记忆(Working Memory)有很高的要求,工作记忆是我们意识中负责接收并尝试理解新信息的部分。

工作记忆的容量有限,它只能在20秒内容纳几个新信息——可能只有四五个——然后就超负荷了。缺乏经验的写作者试图在工作记忆中同时处理不同的任务,从字母书写(如果他们是初学者)到词汇选择,再到组织思路。结果,他们没有在工作记忆中留出足够的空间去学习如何写得更好,或者分析他们所写的内容。尤其在他们对写作的内容比较陌生,或新手写作者要撰写长篇大论时,情况更是如此。他们错失了掌握写作技巧以及体验写作所带来的其他乐趣的机会。

不同的人工作记忆能力各异,但目前没有可靠的方法来扩大任何个人的工作记忆。不过,存在一种能够突破工作记忆限制的方法:只要把相关信息存储在你的长期记忆(Long-term Memory)中,你就不必在工作记忆中再去处理它。这为工作记忆释放出更多空间来接收新信息。

长期记忆能够无限期存储无限量的信息。在写作上,这些信息不仅包括对写作主题的了解,还包括对各种写作策略的掌握:如何变换句子结构、如何连接观点,或如何组织段落和文章。一旦学生掌握了这些策略,这些知识就会被存储在长期记忆中,在需要时随时可以调用。

然而,在充分利用长期记忆的优势之前,你必须先具备两个条件。其一,你需要将新信息从工作记忆转移到长期记忆,通常这可以通过赋予信息意义来实现。一个有效的策略是用自己的话语向他人解释这些信息,就像我们在写作时所做的那样。

其二,你需要确保在需要时能够从长期记忆中顺利检索出相关信息。你越是频繁地回忆,信息就越容易被获取。研究表明,提取练习(Retrieval Practice)是从小学到大学各年龄层学生巩固新学知识、加深记忆的有效策略。而写作本身就是一种极其有效的提取练习。

写作既是一种传递信息的方式,也是一种提取练习,这有助于解释为什么它能够如此有效地促进学习。但这种促进作用只有在学习者的工作记忆没有被写作任务本身所压垮时才能体现出来。

写作是一把"双刃剑"。它对工作记忆提出了较高的要求,但同时也是一种克服工作记忆局限性的途径。要发挥写作的潜力，关键在于将写作过程分解为易于管理的部分，并指导学生逐一练习每个部分。

刻意练习赋予"写作革命"革命性

与大多数其他写作指导方法不同，TWR方法既是一种内容教学方法，也是一种写作教学方法。这里没有独立的写作环节，也没有单独的写作课程。所有学科的教师都可以而且应该将TWR方法和练习融入他们现有的课程并应用到内容教学中。

TWR方法最具革命性之处在于，它揭开了写作学习的神秘面纱。在传统方法中，教师可能会向学生描述优秀段落或文章的关键要素，或者展示一篇范文让他们模仿。然而，对许多学生而言，仅靠这些方法远远不够。他们或许能够阅读并欣赏那些流畅且句式多样的范文，但这并不表示他们自己就能创作出类似的作品。对他们来说，写出好文章的技巧仿佛是一组难以破解的密码。

"写作革命"揭示了这个秘密。它将写作过程分解成易于管理的小部分，然后让学生在掌握内容的同时，反复练习他们需要加强的部分。例如，许多学生并不完全理解构成一个完整句子的要素。仅仅告诉他们一个定义——句子就是一组包含主语和谓语，能够表达完整思想的词，这是远远不够的。他们需要的是通过大量的练习，来区分那些能够构成完整句子的词汇以及那些仅仅是句子片段的短语。如果将这种练习与学生最近学习的内容结合起来，要求他们补充一些信息，将片段转化为完整的句子，他们不仅能学会构建完整句子的基本技巧，还会加深对学习内容的理解。

这种练习，一些认知科学家称之为刻意练习（Deliberate Practice），与简单地让学生写作半小时然后放任自流的做法截然不同。仅仅去做重复且相同的事情不太可能提升他们的表现。为了提高写作水平，他们需要一系列针对薄弱技能的刻意练习，并在已有技能的基础上逐步提高。他们还需要明确而直接的反馈，以识别错误并掌握自己的进展。

虽然学生需要什么，什么时候需要最终仍由教师决定，但本书提供了丰富的练习活动，能够促进学生进行有针对性的写作训练。此外，书中还配备了一套词汇资源，可以帮助给予学生及时且有效的反馈。

TWR方法的6大原则

TWR方法立足于以下6个核心原则：

1. 学生需要明确的写作指导，最好从小学低年级就开始。
2. 句子是所有写作的基础。
3. 当写作指导嵌入课程内容时，它便成为一种强大的教学工具。
4. 课程内容决定写作练习的严谨性。
5. 语法最好在学生写作实践中教授。
6. 计划和修改是写作过程中最重要的两个阶段。

原则1：学生需要明确的写作指导，最好从小学低年级就开始

大多数学生并不能仅依靠阅读掌握写作技巧。许多阅读能力出色的学生并不擅长写作。与阅读不同，写作需要确定表达的内容、选用词汇、正确拼写，甚至要考虑词汇的排列顺序——这还只是在句子层面。撰写段落或整篇文章则需要更多的决策、规划和分析。

就像好读者未必是好作家一样，口语表达能力强的学生在写作时可能条理不清。很多学生的写作方式类似口语表达方式，大量使用简单句或杂乱无章的句子片段。在面对面的交流中，这种方式或许能奏效：对方的面部表情

和肢体动作可以透露出他们是否理解我们的话语，同时我们也能大致了解他们对所讨论话题的熟悉程度。

然而，在写作中，我们没有视觉线索可以依赖，也往往不了解读者是谁。我们需要用更精确、更清晰的语言，预测读者阅读理解所需的细节和事实。此外，我们还必须依赖单词和标点来传达意思的细微差别或叙述中的停顿，而非依赖语调和中断。我们必须遵守拼写和语法规则，确保读者不会被错误拼写分散对内容的关注。

虽然优秀的写作应该是清晰的、直接的，但它通常会采用比日常口语更为复杂的句子结构，运用更为丰富和精确的词汇。在口语中，我们很少以"despite"或"although"等词作为开头，但这些词汇在书面语言中非常有用。在大多数口语对话中，使用"as a result"或"specifically"等短语可能显得多余，但在写作中，它们却是使行文流畅不可或缺的关键。

进一步讲，在写作时，文字会定格于纸面或屏幕上，这使得语法、句法的错误和逻辑上的瑕疵相较于口语交流更容易被察觉。此外，除非我们正在演讲或参与正式辩论，我们通常不会如同撰写段落或文章那样长时间地进行口头表达。在写作中构建一个逻辑连贯的叙述或论证，相较于日常对话或课堂讨论，需要更多的思考和规划。

小学阶段是开始写作指导的最佳时期。如果我们只给低年级学生安排故事创作、写日记和诗歌——正如我年幼时经历的那样——我们实际上是在浪费宝贵的学习时间。虽然在高年级引入说明文的写作技巧也是可行的，但从小学开始会更容易。哪怕是低年级的学生，也可以在教师的指导下，口头参与TWR方法中的练习，为真正的写作打下坚实的基础。之后，他们可以通过完成与所学课程内容紧密相连、精心设计的写作练习，来提升拼写和词汇能力。同时，也能够磨炼他们的书写技巧。

我们需要为孩子们提供必要的工具，让他们对写作充满信心，并能够以一种他人能够理解的方式表达自己的想法。而且，孩子们并不会觉得练习写作技巧是一项繁重的任务，他们往往会从学会写出结构严谨的句子和逻辑清晰的段落中获得自豪感和成就感。

原则2：句子是所有写作的基础

长期以来，许多学校往往更注重学生写作的数量而非质量。这些学校会要求教师在学生尚未掌握连贯写作技巧之前，就布置长篇的写作任务，这令教师们感到压力重重。如果学生还未学会如何撰写有效的句子，那么教学就应该从撰写有效的句子着手——不论学生的年龄大小或年级高低。

当然，学生仍然需要学习如何写出长篇文章，TWR方法也包含了一系列策略和练习引导他们习得这一能力。但是，一个无法写出像样句子的写作者绝不可能写出像样的文章——哪怕只是一段。学生若在句子建构上感到困难，便难以细致规划出一段或一篇作文。对于那些仍在努力学习语法、句法、拼写和标点的学生而言，句子层面的练习是很容易掌握的。

我们不应将句子层面的写作视为过于基础，从而认为它不适合高年级学生。正如布鲁斯·萨德勒（Bruce Saddler）所指出的，句子"本质上是微型的作文"。即便是撰写一个句子，也会对学生构成重大的认知挑战，尤其是当它要求他们阐释、解读或总结复杂信息时。本书中提供的各类句子级别的练习都能提升学生的知识和分析能力，同时教他们如何巧妙地建构句子。

即使是句子级别的写作，想要提高写作技能也需要恰当的指导。TWR方法为教师们提供了丰富的练习材料，这些练习能够引导学生学会撰写完整的句子，变换句子结构，巧妙地运用复杂句法和新词汇，同时确保他们掌握了所学内容。

学生逐渐掌握基础的句子级别的写作技巧后，TWR方法还为进一步的长篇写作提供了清晰的结构化指导。无论学生的写作水平如何，精心构建有效的句子始终是一项有益且关键的练习。即便学生已经开始尝试撰写段落和文章,教师仍应持续安排句子层面的练习。TWR方法是递归式的,让学生回顾并练习之前学过的内容,而不必等完全掌握一种策略后才能开始学习另一种策略。

也就是说,你不必非得等到学生掌握了所有TWR方法中句子级别的策略后,才能够让他们尝试更长的文章写作。学生可以根据各自的能力水平,制定简单的提纲或练习撰写单个段落。理想情况下,在确信学生已经掌握了一些基础技能之前,教师最好不要要求他们独立撰写长篇文章。这些基础技能包括:能够区分句子和片段;使用基本的连接词,如"because""but"和"so";运用简单的从属连接词,如"before"和"when"。此外,学生在独立写作前,还应学会如何制定提纲。

原则3:当写作指导嵌入课程内容时,它便成为一种强大的教学工具

当学校开始真正重视说明文写作时,作业往往侧重于学生的个人经历或观点,而非他们在英语、历史、科学、数学等学科中实际学习的内容。例如,学生可能会就校服问题表达支持或反对观点来练习说服性写作,或者通过探讨成名的利弊来练习写作比较和对比类的文章。

这种宽泛的主题有助于向学生介绍写作的某个特定方面,如创建主题句或制定提纲。然而,如果学生在没有接受充分的、系统的针对性指导之前就尝试写作特定主题,他们所培养的写作技巧可能难以从一个主题转移到另一个主题。即便学生学会了写一篇关于为什么他们应该得到更多零用钱的文章,他们可能也无法将这些技巧应用到论证美国内战本质上是与奴隶制相关的文章中。

另一种常见做法是让学生在独立的写作课程中写作。通常,这种课程提

供给学生关于写作的信息非常有限。这种方法存在两个根本问题。

第一个问题是让学生写与核心课程无关的主题。无论是基于个人经历或观点，还是基于独立的写作课程，都是对学习机会的巨大浪费。写作不仅是一种技能，它也是一种强大的教学工具。在写作过程中，学生和教师都能发现哪些知识点尚未被掌握，以及还需要补充哪些信息。正如我们在许多课堂上观察到的，学生会在写他们正在学习的内容时学会如何整合信息并形成自己的理解。如果学生在学习古埃及文明或龙卷风和飓风的知识，那么教师在教学过程中应鼓励他们撰写相关主题的文章。

第二个问题是写作与内容知识紧密联系。我们很难写好自己不太了解的事物。学生在开始写作前对某一主题了解得越深入，他们写出的文章就越好。同时，写作过程本身也会加深他们对这一主题的理解，并帮助他们将这种理解牢固地记在心中。

许多小学甚至中学存在一个根本问题，即没有深入挖掘任何课程内容。学校的日常安排几乎完全被阅读和数学占据，而阅读部分通常是使用不同主题的文本练习各种阅读理解技巧。这不仅很难提升学生的阅读理解能力，而且也会使得教写作变得困难，甚至无法实现。如果学生一直在不同的主题中切换，而且将注意力放在阅读理解的技巧上而非具体内容上，他们可能无法在某个特定主题上积累足够的知识进行连贯写作。即使你所在的学校未能深入探讨任何主题，也无须感到失望。你依然可以借助TWR方法有效提升学生的写作技巧和学习能力。但可能需要你引入额外的资料来丰富课程内容。

为了让学生成为阅读和写作的高手，所有学科——包括英语语言艺术——都应融入丰富的内容。而且，所有教师，无论他们的专业领域是什么，都必须首先是写作教师。历史、科学、英语、数学，甚至音乐、艺术和体育教师都应该学会将TWR方法融入教学中。尽管学校在决定采纳TWR方法时拥有一定的自主性，但请记住，在同一所学校中，使用通用语言进行写作指导的教师越多，其教学效果就越显著。

除了英语教师，其他教师可能会对将写作指导融入课程感到忧虑。他们可能认为自己从未接受过相关训练。不过，根据我们的经验，很多人会发现，采用TWR方法不仅没有降低他们的教学效果，反而提高了他们的教学技巧，并且增强了学生对学习内容的理解。尽管这些策略需要每天练习，但它们可能只占用5—15分钟的课堂时间。你也可以把这些设置为快速理解检查、课前活动或下课前作业。

原则4：课程内容决定写作练习的严谨性

如果你遵循原则3，将学生的写作练习与学科内容相融合，你将发现，无论是哪个年级或哪个学科，都能运用相同的练习方法，同时对学生而言仍然充满挑战。练习的形式可以保持不变，其内容才是决定写作练习严谨性的关键。此外，同一类型的练习嵌入不同的学科有助于构建和深化不同的知识体系。

以TWR方法的句子级策略为例，其中一种策略是鼓励学生使用连词"because""but"和"so"来扩展回答。老师会给学生一个独立从句作为句子主干（Sentence Stem），要求学生分别使用这三个连词，用三种不同的方式使句子完整。

假设你正在和小学生一起阅读《石头汤的真实故事》（*The Real Story of Stone Soup*），这个练习可能如下所示：

The uncle believes the boys are lazy because <u>he thinks he does all the work.</u>

The uncle believes the boys are lazy, but <u>the boys really do all the work.</u>

The uncle believes the boys are lazy, so <u>he calls them mean names and complains about them.</u>

同样，在数学课上，你也可以以同样的方式将关于"Why is the square root of two irrational?"的练习嵌入数学内容：

The square root of two is irrational because <u>two is a non-square number.</u>

The square root of two is irrational, but <u>the value can be approximated on the number line.</u>

The square root of two is irrational, so <u>it cannot be written as a ratio of two integers.</u>

以下是将该练习嵌入高中全球史课程的例子：

The Mongol Empire collapsed because <u>it was too large to control.</u>

The Mongol Empire collapsed, but <u>areas in Russia remained under Mongol control for centuries.</u>

The Mongol Empire collapsed, so <u>trade declined between Asia and the Middle East.</u>

假如你正在上科学课，这个练习可能是这样的：

Wind energy is a sustainable resource because <u>it does not require fuel.</u>

Wind energy is a sustainable resource, but <u>it can be harmful to some wildlife.</u>

Wind energy is a sustainable resource, so <u>more companies are investing in wind turbines.</u>

在所有这些示例中，学生都需回顾自己学过的内容，并仔细搜寻信息以使句子完整。这个练习还是颇具挑战性的。如果你认为句子级活动只适合小学生，不妨尝试使下面的句子变完整："Immanuel Kant believed that space and time are subjective forms of human sensibility, but _____。"

无论你使用什么内容进行练习，写作任务的具体性使之要比开放式问题（例如，"Why did the Mongol Empire collapse？"）有效得多。例如，连词"but"

要求学生在脑海中维持两种对立观点，并找到支持其中一个观点的证据。学生需要独立决定如何使句子完整，而这种方法为他们提供了必要的框架，以便他们能够进行专注且严密的思考。

原则5：语法最好在学生写作实践中教授

研究发现，深刻理解语法的学生往往能成为更出色的写作者。然而，这同样揭示了一个事实：单纯教授语法是不够的。不过这并不意味着老师不能或不应该教授语法。正如我们多年来所见到的，真正有效的方法是在学生的写作实践中教授写作规范和语法。

正如在某一主题写作中培养的技能可能无法转移到另一个主题，许多学生也无法将自己学习到的抽象规则应用到写作实践中。虽然掌握名词和动词等基本概念对学生来说是有益的，但这并不一定能防止他们写出缺少主语或谓语，甚至是两者都缺失的"句子"。

许多人对句子图解法深信不疑——通常是那些自认为借助这种方法掌握了写作技巧的人。这可能对一些学生有效。但对其他许多人，尤其是那些在语言学习上有困难的人来说，将句子拆解成不同成分，标注它们的词性，并画在图表上，只会增加他们的困惑。

TWR方法并不追求为教授语法而教授语法。例如，这里没有专门讲解介词短语及其用法的课程——尽管学生无疑会在他们的写作中频繁使用这些短语。相反，我们的教学重点放在一些具体的语法术语和功能上，这些在书面语言中经常出现，但在口语交流中却很少用到。学生需要对这些语法概念有充分的了解，才能成为写作和阅读高手。

这就是为什么TWR方法侧重于教学生巧妙地使用同位语（Appositive），即用于丰富名词信息的短语，以及通过从属连词（Subordinating Conjunctions）来引导从属从句（Dependent Clauses）。这些语法术语会在第4章中进行详细讨论。这些术语也可以作为教师在反馈时的一种简略表达。这有助于避免使用模棱两可的评语，如"调整你的句子结构"，而是转而提出具体的建议，例如"增加一个同位语"。如此一来，学生不仅能明白如何修改，还能知道如何提升写作技巧。

原则6：计划和修改是写作过程中最重要的两个阶段

当学生准备撰写更长篇幅的文章时——无论是段落还是作文——他们需要在最终定稿之前完成4个步骤：计划、起草、修改和编辑。其中，计划和修改尤为关键。

所有学生在动笔之前都要先有计划，尤其在写说明文时。尽管经验丰富的作家能够创作出结构严谨的段落或文章，但大多数学生往往发现在组织思路的同时很难选择合适的词汇和最佳的句子结构。他们可能会忘记接下来要表达什么，或者需要检查自己是否在重复已经写过的内容。发生这种情况的部分原因是工作记忆中需要处理的信息量过大。

初学者或非专业作家可能只能够简单地罗列出关于某个主题的所有想法。例如，一位6年级学生是这样描述他的写作策略的："我会有很多想法，并把它们写下来，直到这些想法用尽。然后我可能会努力思考出更多新想法，直到没有更多值得写下来的想法为止。"

与此相反，专业作家在开始写作之前就会明确他们的写作目的：他们的读者是谁，他们希望读者学到什么，以及他们想要表达哪些观点。他们会制定一个计划，列出想要写的要点以及这些要点的呈现顺序。他们可能会向读者或编辑展示一个提纲或草稿，并根据反馈进行修改。在不断努力阐明自己观点的过程中，他们可能会萌生新的洞见，并在观点与观点之间发现新的联系。

即便是年幼的孩子也能在教师的引导下学会对一个段落制定提纲，尤其是当这种学习活动以口头形式进行，并且以团队合作的方式进行时。一位老师曾采用霍克曼方法，在课堂上引领一年级孩子们对一个关于他们如何成功播种并培育蔬菜的段落制定提纲。这种练习能够以认知可控的方式培养学生的逻辑思维和分析能力，为他们日后独立写作打下坚实的基础。

为了帮助学生以书面形式参与这一过程，我们提供了多种基础大纲模板，包括一个用于规划段落的模板，以及若干可用于规划作文的模板。写作的大部分工作实际上在计划阶段就已经完成。在这个阶段，学生会确定他们文章的核心思想或主题，明确他们想要表达的观点，以及逻辑顺序。通过这样的准备，学生能够发现他们需要什么进一步的信息或需要阐明的点，确保他们的观点与相关细节或证据紧密相连，同时避免偏离主题或内容重复。

一旦学生有了结构清晰的提纲，初步草稿就手到擒来了。接下来是写作的下一个重要阶段：修改草稿，使其读起来流畅连贯。学生需要运用他们所掌握的句子级别的技能，包括使用从属连词和同位语来改变句子结构，插入过渡词和短语来使他们的句子和段落连贯。

在实施TWR方法时，坚持这6个原则的教师会发现，它不仅是教授写作技巧的有效方法，而且可以确保学生掌握内容并进行分析性思考。教师们会学会如何使用句子级练习，给予学生清晰、明确的写作指导和反馈，无论什么年级或科目。他们将TWR方法融入课堂学习的任何内容中，学生因此能够更有效地处理文本，利用内容的复杂性来提高练习的严谨性。教师们也能将这些实践融入布置给学生的作业中，教授语法、标点符号、大小写和其他语言规范。他们将写作过程细化为可管理的步骤，尤其注重计划与修订，以免学生面对所有要兼顾的写作因素感到无所适从。

如何使用本书

本书适用于任何学科、任何年级或能力水平的师生，它将逐步引导你完成一系列精心设计的写作策略和相应的练习。无论你是教大班、小班还是一对一辅导，本书都提供了丰富的策略。而且本书提供的练习方便分级，可适应课堂中不同能力水平的学生。

为方便你理解和实施策略，本书提供了大量示例，并附有关键术语词汇表和资源附录。更多资源，包括可定制的模板、示例练习、海报和教学进度指南示例，请参阅www.thewritingrevolution.org/resources/book-resources。

要点

在介绍本书的结构之前，我们想强调一些你在阅读时应始终牢记的要点。

- 我们使用"策略"一词来指代一种总体技术，而"练习"一词则指代支持策略教学的支架活动。例如，概括是一种策略，而给学生一篇课文并让他们用一句话概括，就是一种支持概括的练习。
- TWR方法中包含的每项策略及其相应的支持练习都会以项目列表的形式展开，并阐明为这些技术提供清晰明确的指导的重要性。
- 尽管本书按线性顺序逐一介绍策略，但在实践中，你会同时使用几种不同的策略。例如，你可以要求学生先用一句话概括一篇新闻报道。这句话可以作为单段落提纲的主题句，进而成为段落草稿的基础。学生不必掌握所有句子策略后再学习单段落提纲。
- 按照我们建议的顺序引入新策略，但要让学生反复练习之前学过的策略。尤其是在学生修改段落和作文的过程中，句子级别的练习仍然很重要。

- 在引入一种新策略时，最好能够先为全班进行一次演示，然后鼓励学生进行口头练习。这不仅对低年级学生非常重要，高年级学生也同样需要通过演示加深理解并参与班级活动。一旦学生理解了这个概念，你就可以让他们在自己的写作中进行练习。

- 首次演示策略时，教师最好选择一个所有学生都熟悉的话题，这样他们就不必在工作记忆中同时处理新内容和新的写作策略。你可以利用已经在课堂上讨论过的话题，或者选择一个与课程不直接相关但学生普遍感兴趣的话题，例如"冬天"。

- 当你为全班进行演示时，确保你能让所有学生都看清楚你的演示。你可以使用黑板、白板、图表、智能白板或投影仪等工具来辅助。

- 在你根据课程内容调整TWR方法和练习时，一定要提前考虑学生可能对你提出的问题或设计的练习做出的反应。否则很容易设计出一个你自己觉得清晰但让学生感到困惑的练习。确保你清楚地知道希望学生通过这项活动理解哪些内容，并根据这些内容开始逆向计划。

- 我们提供的练习示例通常会为一级学生（Level 1）和二级学生（Level 2）分别设计不同的版本。这些练习不仅与学生的写作基础相匹配，还与我们示例中涉及的主题难度相适应。一级水平教学示例通常针对小学级别的材料，而二级水平教学示例则针对中学级别。但是即便是高中生，也常存在基本写作技能不足的情况，因此我们避免使用年级这样的描述方式。在根据你正在教授的内容调整TWR练习时，你需要依据对学生需求和能力的深入了解做出决策。

- 你应该及时给予学生反馈，并定期评估他们的进步情况。这有助于你确定需要关注哪些策略，以何种速度推进课程，以及哪些学生需要根据他们的个人需求进行个性化调整。

- 对于霍克曼方法来说，应用的学科越多，效果越佳。在由不同教师负责不同科目的中学和小学，应用霍克曼方法需要教师之间的协调和共同规划。为了促进合作，我们为所有教师提供了一套共通的关键术语，作为共同的语言基础，并分享了介绍和实施TWR方法和练习的最佳方法。

• 当我们使用"差异化"这个词时，它意味着要根据学生的不同能力水平，调整练习的难度，使其更具挑战性，或降低难度。

本书的结构与内容概览

本书内容分为三个部分。第一部分专注于句子与笔记技巧。第二部分探讨长篇的写作形式，包括段落、作文、修改及总结。第三部分涉及如何评估学生的写作技能，以及如何将TWR方法融入你的教学实践。

句子

这一部分的策略将帮助学生掌握句子的功能与结构，并激发他们撰写能够展现深入思考的复杂句式的潜能。

具体包括：

• 通过区分句子与片段理解句子概念，并能够组织单词以写出完整的句子。

• 通过添加细节扩写核心句子（Kernel Sentence）。

• 运用4种类型的句子：陈述句、疑问句、感叹句和祈使句。

• 提出问题。

• 使用基本连词扩展回答，如"because""but""so"等。

• 利用从属连词呈现书面语言结构。

• 插入同位语描述名词。

• 将两个或多个简短句子合并为一个长句。

• 使用过渡词汇来连接思想和句子。

这些策略将激励学生进行分析性思考，使他们能够向读者传达更多有价值的信息，同时让他们的写作更吸引人。

此外，本部分还将介绍一种符号系统，用于帮助学生在阅读时做笔记。书中的练习可以指导学生利用关键词和短语将阅读材料转化为笔记，进而将这些笔记转化成自己的作文。这样可以确保学生真正地消化和理解了内容，而不仅仅是将其复制进自己的作文里。

长篇写作

在这一部分中，我们将深入探讨"计划"在学生撰写长篇作文过程中的关键作用。你将学习到一种提纲方法，它能帮助学生利用主题句、提供关键细节的支持句和结论句来构建连贯的段落。TWR方法提供的修改练习将为学生提供必要的技巧，使他们的写作流畅且富有表现力。

我们将进一步介绍并概括这一高效策略，并深入探讨写作过程中的挑战：如何挑选主题、陈述论点、撰写引言和结论以及主体段落，以及进行恰当的引用。

TWR方法涵盖了4种类型的段落或作文：说明文、记叙文、描写文和议论文。本书专门有一章（第10章）讨论议论文写作，因为这种特定类型的写作相对复杂，并且近期美国多个州在制定教育标准时特别强调了议论文。

如何评估写作及霍克曼方法的课堂应用

最后一部分将指导你完成颇具挑战性的评估过程，包括在学年开始时收集写作样本，以便为每个学生和班级设定目标（请记住，在设定目标前你需要先熟悉整本书的内容）。在学年中和学年末进行相似的评估以了解学生的进步情况，这一点至关重要。

本书最后两章就如何轻松地"革新"你现有的教学材料提供了一些建议，从而更好地为你正在教授的TWR方法提供支持。此外，我们还详细介绍了教授这些策略的顺序。

　　与你教授的内容相结合时，本书提供的所有练习可以成为你评估学生对课程材料的理解和记忆程度的有效工具。

> 　　事实证明，卡佩罗老师之前想错了，今年的9年级学生与以往有所不同。她不仅成功地教授了TWR方法，还将这些方法和策略巧妙地融入课程内容。
>
> 　　学年末，她给学生布置了一项新的写作任务，要求他们撰写一段关于他们了解的一个人物及其影响的文字。
>
> 　　有些学生在主题句中用上了同位语。举个例子，迈克尔的第一个句子是这样写的：Martin Luther King Jr., a celebrated leader, taught and inspired people to follow him.
>
> 　　虽然学生的句子并非完美，但与学年初相比，它们结构更复杂，细节也更丰富。
>
> 　　句子级的指导极大地提升了学生的阅读理解能力，帮助他们理解复杂的句法结构。这也加深了他们对课程内容的理解。
>
> 　　在这一年中，卡佩罗老师还教会了学生如何构建提纲，利用提纲撰写段落。一旦学生学会了在写作前列计划，他们的行文会变得更加连贯。在学生起草和修改段落的过程中，她注意到学生正运用他们新掌握的句子构建技巧，通过变换句子结构紧密连接他们的思想。
>
> 　　那个春天，她向同事表示，TWR方法对她和她的学生都产生了变革性的影响。"这是真正改变传统规则的创新。"她说。

总结

在向学生介绍本书中的句子练习时，你应该记住以下几点：

- 在介绍新的练习时，一定要先为学生做示范。
- 让学生，包括高年级学生，以口头和书面的方式进行句子练习。
- 让低年级学生（K-2）主要以口头和全班参与的方式进行句子练习和提纲练习。
- 无论面向什么年级的学生，都应使用熟悉的主题，以口头和全班参与的方式介绍新的写作策略或概念。
- 在学生掌握新的写作概念后，将写作练习融入教学内容。
- 在教授相同内容的同时，为不同能力水平的学生调整练习。
- 在计划练习时，写下你预计会从学生那里得到的反应。
- 计划你的教学，确保学生具备成功进行练习所需的知识。
- 在引导学生逐步完成一系列练习时，让他们继续练习之前介绍过的TWR方法中的练习，以巩固他们已掌握的技能。你可以同时使用多种不同的句子练习，也可以让学生在进行句子练习的同时开始提纲练习，甚至是段落写作。

讨论

1. 你接受过哪些写作教学方面的训练或指导？
2. 你所任教的学校都使用过哪些写作方法？你认为它们的效果如何？
3. 为什么许多学生有写作学习障碍？
4. 在课程内容中融入明确的写作教学有哪些好处？
5. 为什么霍克曼方法应该尽可能从小学阶段就开始实施？

6. 工作记忆在写作中扮演什么角色？
7. 6大原则如何促成积极的学习成果？

第一部分

句子

SECTION I

第 2 章

句子：
基础知识的学习

> 在我执教3年级期间，我常常给学生布置写段落和文章的练习。尽管学生能够写出很长的内容，但他们的作品中几乎每次都会出现一些他们误以为是句子的短语。他们似乎认为，只要在短语的开头加上大写字母，在末尾加上句号，那就算一个完整的句子。
>
> 我惊讶地发现，到了3年级，学生还不清楚什么是完整的句子，而且我也不知道如何将这一概念有效地融入他们的写作教学。我当时没有意识到，那种写作指导就像是试图从屋顶开始建造一座房子。
>
> 后来我才发现，不仅是3年级的学生不清楚如何区分完整句子和表达不完整的短语，或者完全超出了句子应有范畴的短语堆砌，许多高中生关于这方面的基础知识也非常匮乏。但这并不是他们的过错。

如果你希望学生能够写出优秀的段落和文章，首先，你需要先帮他们打好基础——就像建造房子要从地基开始一样。在英语写作中，这个"地基"就是句子。

句子对于写作教学的重要性再怎么强调都不为过。学生需要从口语化的写作方式过渡到使用规范的书面语言结构。在一所贫困学生比例较高的中学里，仅仅经过4个月的TWR句子策略训练，学生的写作水平便有了显著的提高。

一旦学生开始构建更复杂的句子，不仅他们的写作技能会改善，阅读理解能力也会随之提高。此外，句子级练习还有助于学生在长篇写作时，更顺利地修改和编辑。

认识到句子层面练习的重要性，有助于我们深入思考工作记忆这一概念。工作记忆是我们意识的一部分，负责接收、理解新信息。正如前文所述，工作记忆的容量极其有限，而写作往往会加剧它的负担。科学家们将这种负担称为认知负荷（Cognitive Load）。如果学生的工作记忆同时处理太多新信息，由此产生的认知负荷可能会阻碍他们学习写作，以及理解、分析和记忆他们所写的内容。最有效的调节认知负荷的方法之一就是从句子层面着手进行写作指导。同时，我们可以提供一些内在的辅助工具，帮助学生集中注意力在我们希望他们掌握的内容上。

如果学生对写作的主题不够熟悉，他们的认知负荷也会增加。因此，在熟悉的主题下引入新的写作策略（包括句子级策略）尤为重要，这样做可以释放他们的认知资源，以便他们能更好地理解和记忆这些策略。

我们还必须认识到，不同的读写能力会带来不同程度的认知负荷。"听"和"说"作为读写能力的组成部分，本身并不带来认知负荷，因为人类已经自然进化到能够轻松进行这些活动。然而，阅读，特别是写作，却会对认知带来较大的压力。这正是为什么在引入新策略时，学生要在老师的指导下以全班参与的形式进行练习。

同时，了解什么是认知负荷也有助于我们理解为什么句子级练习是长篇写作的重要基础。正如我们前面提到的，如果你对写作的主题已经有所了解，那么这将大大减轻你的认知负荷。学习如何改变句子结构，或使用特定的词汇来连接你的想法对于长篇写作也同样重要。当学生通过持续的句子级练习逐渐掌握这些知识后，他们在长篇写作时便能更高效地运用自己的认知资源，以应对写作过程中遇到的诸多挑战。

句子级教学的另一个好处是，它能让学生熟悉书面语言的复杂句法。虽然大声朗读复杂文本给学生听，并确保他们能够听到完整的句子确实也有所帮助，但让学生在写作时使用复杂句法的效果更明显。

本书中描述的几乎所有句子级策略的目的都是构建和巩固学生的知识基础。实际上，对于经验不足或者有写作困难的学生来说，这些策略往往比布置长篇写作作业更有帮助。原因在于，这些学生可能会被写作过程中的机械化要求所困扰，以至于难以专注他们想要传达的核心思想。

而句子级练习能帮助学生构建信息丰富、结构复杂又吸引人的句子。在被要求写句子时，许多学生会写出如下的简单句：

He led the Salt March.

而TWR方法的句子级策略及配套练习的目标，则是让学生能够写出如下的句子：

In 1930, Gandhi, a political and spiritual leader, led the Salt March to protest Great Britain's tax policies.

第二个句子不仅包含了一个同位语，而且通过扩充句子回答了"谁""何时"和"为什么"的问题。如果你按照TWR方法的句子级策略进行写作教学，你的学生将能够构建出更加复杂、信息量更大的句子。而且优化后的句子还展现出了比原句子更丰富的内容知识。

本章将提供一些配套练习，帮助学生更好地理解基本的句子层面的概念。在后续章节我们也会深入介绍如何引导学生构建更为复杂的句式。

什么是句子？修改残缺句、乱序句和连写句

> **为什么要练习句子判断和用词排序？**
> - 帮助学生掌握完整句子的概念，明确句子的界限。
> - 帮助学生理解正确的词序。
> - 通过提供练习，帮助学生掌握正确的大写规则、标点符号使用，以及新词汇拼写和使用。
> - 检查学生对内容的理解程度。
> - 帮助能力较强的学生深入理解主语、谓语和介词短语的含义。
> - 鼓励学生仔细地阅读和校对。

一个完整的句子由词组构成，通常包含一个主语（Subject）和一个谓语（Predicate），并表达一个完整的思想。对于低年级学生，尤其是那些尚未掌握良好写作技巧的学生而言，理解完整的句子具有一定的挑战性。在日常口语交流中，人们经常会使用残缺句或不完整的句子，因此，学生在学习写作时，也可能会继续使用这些不规范的表达。

残缺句（Fragment）是指在语法上不构成一个完整句子的词的组合。残缺句可能缺少主语或谓语，甚至两者都缺失，例如"went shopping"或"to the store"。或者是未与独立句子相连的从属句，例如"After I do my homework"。

正如我们之前提到的，仅仅向学生解释这些定义，并不能有效地帮助他们写出完整的句子。对于许多学生而言，这些定义过于抽象。学生需要花时间去听和读完整句及残缺句来区分两者。老师也应该提出问题，引导学生识别残缺句，并把残缺句改写成完整句。

在向学生讲解完整句与残缺句的区别时，老师要解释清楚：虽然在日常

对话中偶尔使用残缺句或许可行，但写作需要更精确。通过展示残缺句示例并让学生指出缺失的成分，帮助学生认识到精确的重要性。学生可能需要大量的练习，才能在写作时准确识别残缺句。

打好基础：口头修改残缺句

在列举残缺句的例子时，最好使用口头方式而不是书面形式。例如，你可以向全班列举这样一个残缺句：

ran to the park

对于一级学生，尽量不要使用"主语"和"谓语"等专业的语法词汇，因为这些术语可能会让学生感到迷惑。如果想引导他们补充主语，你可以询问："这句话告诉我们是谁跑去公园了吗？我们要如何把这句话补充完整？"

如果你正在教授二级学生，你可以直接指出："这个残缺句缺少主语（或谓语），你们能把它补充完整吗？"

另一个残缺句的例子是：

Sam and Dan

你可以说："我们需要知道他们做了什么。来，让我们把这个残缺句补充完整。"然后学生可以补充一个动词（例如"ran"），也许还会补充一个谓语（"ran to the park"），从而构建一个完整的句子。

如果你提供的示例与学生正在学习的内容相关，这样做还能加深学生对内容本身的理解。示例的难度可以根据所学内容的复杂程度和残缺句的知识需求进行调整。

在设计残缺句时，准确预测可能出现的答案，并确保学生掌握完善残缺句所需的知识，这一点至关重要。当他们能够自由检索这些知识时，就能进一步将其强化为长期记忆。

一级水平教学示例

如果你在教学生有关民权运动的知识，并且想要检测他们对材料的掌握情况，你可以这样设计残缺句：

helped organize freedom summer

然后，让学生利用他们所学的知识将残缺句改写成一个完整的句子，例如：

Fannie Lou Hamer helped organize Freedom Summer.

二级水平教学示例

如果你正在教授有关第一次世界大战的课程，并且想要评估学生对凡尔赛条约长期影响的理解，你可以这样设计残缺句：

contributed to the rise of fascist regimes

你的学生可能会给出如下答案：

The harsh terms of the Treaty of Versailles contributed to the rise of fascist regimes.

残缺句写作练习

学生通过口头练习掌握了区分残缺句和完整句的技巧后，就可以开始书面练习。

残缺句还是完整句

一开始可以给学生一份包含残缺句和完整句的清单，并指导他们用"S"标记完整句，用"F"标记残缺句。然后，要求他们为完整句正确添加大写字母和标点符号，再按要求将残缺句改写成完整的句子，并同样为句子正确添加大写字母和标点符号。在设计练习题时，注意不要修改残缺句或完整句的首字母大写或加标点符号。

如果你在教授有关希腊神话的内容，你可以这样设计练习：用"S"标记完整句，用"F"标记不完整句，再将残缺句改写成完整句，并为句子正确添加大写字母和标点符号。

要求：请判断并在完整句前标记"S"，为其添加大写字母和标点符号；在残缺句前标记"F"，将残缺句改写成完整句，并正确添加大写字母和标点符号。

1. **F** built a labyrinth for king minos

Daedalus built a labyrinth for King Minos.

2. **F** daedalus and his son

Daedalus and his son were imprisoned by King Minos of Crete.

3. **S** icarus was excited to be free.

Icarus was excited to be free.

4. **F** destroyed icarus's wings

The heat of the sun destroyed Icarus's wings.

将残缺句补充完整

假设有一位科学老师想要复习元素周期表，并试图帮助学生加深对句子结构的理解。她可以给学生以下两个残缺句，并要求他们改写成完整句，然后为句子正确添加大写字母和标点符号：

要求： 请将残缺句改写成完整句，并在句子中正确添加大写字母和标点符号。

1. the periodic table

The periodic table is an organized array of elements.

2. has atomic number 56

Barium has atomic number 56.

⚠ 注意

在设计残缺句练习时，请注意以下几点：

- 不要修正残缺句或完整句的首字母大写或添加标点符号。例如，用残缺句"beyond the forest"而不要用"Beyond the forest"，以及用完整句"beyond the forest there was a clearing"而非"Beyond the forest, there was a clearing."给完整句首字母大写和修改标点会泄露哪些是完整句，哪些是残缺句。

- 避免使用祈使句：在设计残缺句示例时，注意不要使用祈使句（如"run quickly"），因为祈使句本身就是完整句。如果不确定一个例子是否是祈使句，可以尝试"please"测试：如果加上"please"后这句话仍然成立，那它就是祈使句。

- 避免使用核心句（如"they argued"）作为残缺句示例，因为核心句是完整句。

- 如果你打算将一个残缺句作为主语，那么不要包含动词（如

"Nelson Mandela was")。

- 如果你打算将一个残缺句作为谓语,那就应该包含动词(如 "was the mythological founder of Rome")。
- 从只包含主语或谓语的简单残缺句开始,暂时避免使用介词短语(如 "on the ship")或从属句(如 "after the study was published")。
- 确保学生已经了解他们需要用来补充残缺句的信息。
- 不要直接从学生阅读过的文章中提取片段。否则可能会将残缺句练习变成填空练习,而不是要求他们检索信息并用自己的话表达。
- 在创建残缺句之前,首先明确你希望学生从残缺句中得出的预期答案。

残缺句练习的差异化教学

对于需要额外帮助的学生,你可以这样做:

- 将专有名词的首字母大写。
- 刚开始在残缺句练习中只使用主语和谓语。

解开谜题:重组乱序句

将乱序句重新排列成连贯句有助于学生掌握几个关键概念:完整句的本质、词序的正确排列以及标点符号和大小写规则。将乱序句重组练习与课程内容相结合不仅能加强学生对内容的理解,还能加深他们对新词汇的理解。

乱序句可以是陈述句、疑问句和感叹句,但应避免使用祈使句,因为祈使句(比如 "Get the book")中的主语(通常是 "you")往往是隐含的,这可能会让学生感到困惑。

对于一级学生,每个句子使用4到6个单词;对于二级学生,每个句子使用7到10个单词。与残缺句练习一样，不要在打乱的词组中加上大小写或标点符号。

以下是一些乱序句示例以及预期的学生回答。对于有困难的学生，我们可以在一级水平教学示例中将第一个词用粗体字表示。

一级水平教学示例

要求：将词语重新排列成意思连贯的句子，并正确修改大小写，加上合适的标点符号。

1. salt contain water oceans

   Oceans contain salt water.

2. are continents there seven

   There are seven continents.

二级水平教学示例

要求：将词语重新排列成意思连贯的句子，并正确修改大小写，加上合适的标点符号。

1. river land around belonged the mississippi to france

   Land around the Mississippi River belonged to France.

2. louisiana cost the dollars purchase million fifteen

   The Louisiana Purchase cost fifteen million dollars.

> ⚠️ **注意**
>
> 在设计乱序句练习时,请注意以下几点:
> - 避免在乱序句中使用过多的功能词(如"the""an"等)。
> - 确保学生面对的词组中的词语数量与预期回答中的词语数量一致。
> - 打乱的词语应只有一种正确的排列方式。

乱序句练习的差异化教学

对于需要额外帮助的一级学生,你可以这样做:
- 将专有名词的首字母大写。
- 将第一个词用粗体字标出。

踩下刹车:纠正连写句

连写句在学生的写作中出现频率很高。虽然没有快速解决的方法,但有一些有效的策略可以帮助学生发现并纠正连写句。

你可以尝试每天在黑板上写一个连写句,最好是与课程内容或学生已学习过的主题相关。首先,请一名学生大声朗读这个句子,不要停顿,然后问全班同学这个句子存在什么问题。经过几次这样的练习后,你在黑板上写下连写句,让学生在不听朗读的情况下进行纠正。你可以将这个练习作为每日热身练习,直到学生养成纠正连写句的习惯。

例如,假设学生正在阅读《通往特雷比西亚的桥》(*Bridge to Terabithia*),你可以这样设计连写句:

> *Leslie showed Jess the kingdom of Terabithia, it was a magical place in the woods where they could be themselves,*

they were king and queen of this land, it was their escape from the real world.

如果学生的连写句主要是"and"的使用问题,让他们回顾自己写作中使用的每一个"and",然后让他们自问,是不是用"and"连接了两个本应该分开的独立句子。

另一种方法是给学生一个包含连写句的练习清单。让他们识别连写句并将其拆分成独立的句子。

总结

- 尽可能将句子练习融入你的课程内容中,以便更好地检验学生的理解程度,加深他们的理解。
- 通过句子练习教授语法和写作规范。
- 在引入新的练习时,一定要做示范,并让学生先进行口头练习。
- 让学生进行残缺句、连写句和乱序句练习,帮助他们掌握完整句子的概念。
- 在设计残缺句练习时,确保学生已经掌握将残缺句转化为完整句所需的信息。

讨论

1. 在设计残缺句练习时,需要记住哪些重要事项?
2. 在设计乱序句练习时,需要记住哪些重要事项?
3. 如何帮助学生纠正连写句?
4. 残缺句和乱序句练习分别有哪些不同的区分方式?
5. 如何结合教学内容设计残缺句和乱序句练习?

第3章
句子扩写与记笔记：
信息阐释

> 在10年级的科学课程中，耶茨（Yates）老师为学生布置了一个作业，让他们写一篇关于用生物燃料替代化石燃料的文章。这篇文章来源于一个提供高中水平科学文章的网站，耶茨老师在读过之后，认为学生也会感兴趣。
>
> 文章解释说，人们普遍认为由植物制成的生物燃料比化石燃料更环保。然而，正如文章指出的，实际上许多生物燃料对气候的影响与化石燃料同样严峻，甚至比化石燃料更甚，因为生物燃料的生产过程需要消耗大量的化石燃料。
>
> 第二天，耶茨老师在上课前布置了一个随堂测试，评估学生对这篇文章的理解——"为什么最常用的生物燃料对气候并不友好？"
>
> 学生的回答令人失望。例如，一位名叫米歇尔（Michelle）的学生写"它们让地球变暖了"，并且没有进一步的解释。尽管一些学生的回答相当完整，但耶茨老师发现他们的答案惊人地相似。他很快意识到了原因：学生只是简单地照搬了文章中的句子。

那么，耶茨老师该如何帮助学生真正理解他们所阅读的内容，并在写作中表现出这种理解呢？仅仅就阅读内容向学生提问，这样还不够。学生需要参与相关的练习活动，以帮助他们批判性地思考阅读的内容，从而撰写出有思考深度的答案。针对这一问题，本章将介绍两种写作策略：句子扩写和记笔记。

扩展知识与回答

> **为何要进行扩句练习？**
> - 帮助学生预测读者需要了解什么，提供相应信息。
> - 检验学生的理解程度。
> - 教授学生记笔记的策略，如关键词和短语、缩写和符号。
> - 培养学生的概括能力。
> - 巩固学生的知识。

扩句是绝佳的写作技巧，它能够帮助学生以易于掌握的方式处理新的信息，这不仅可以帮助学生理解信息，还能将这些信息转化为长期记忆。此外，它还能帮助学生判断句子里需要包含哪些信息，以便让那些对主题没有广泛先验知识的读者理解他的文章。

扩句的具体方法

1. 先给学生一个简短但完整的句子，称为核心句。选择合适的疑问词让学生回答：谁（who）、什么（what）、何时（when）、何地（where）、为什么（why）以及如何（how）。

2. 然后让学生以笔记的形式回答这些疑问词。（本章还会介绍如何帮助学生掌握记笔记的技巧。）

3. 最后，要求学生将这些笔记转换成一个完整的句子。

一级水平教学示例

> **要求**：请扩写以下句子。
>
> It sprouts.
>
> What? seed
>
> When? after it gets water + sunlight
>
> Where? soil
>
> 扩句：After it gets water and sunlight, a seed sprouts in the soil.

二级水平教学示例

> **要求**：请扩写以下句子。
>
> Mesopotamians built ziggurats.
>
> When? ancient times
>
> Where? center of city-states
>
> Why? provide earthly homes for gods & goddesses
>
> 扩句：In ancient times, Mesopotamians built ziggurats at the center of city-states to provide earthly homes for gods and goddesses.

创建核心句

为了让学生熟悉扩句的概念，教师可以使用一个简单的陈述句作为核心句示例。核心句应该只有一个动词，不加任何修饰语。比如你可以用"Jane ran."或"The candidates will debate."这样的句子。和其他策略一样，在引入这一策略时，不必非要将示例与你正在教授的内容联系起来。重要的是，这个核心句要来自学生已了解的主题。

创建核心句时，请确保你使用的是完整句，而不是残缺句或缺宾语的句子。为实现最佳的练习效果——特别是在将练习融入教学内容时——核心句必须能够表达一个完整的意思。例如，"She enjoys"不是一个完整的句子，因此不能用作核心句。此外，还应避免使用祈使句，如"Run fast"，因为学生可能难以确定主语是谁。

选择疑问词

将疑问词图挂在教室里学生容易看到的地方会很有帮助。疑问词应按照图3.1中的顺序排列：

> Who?
> What?
> When?
> Where?
> Why?
> How?

图3.1 疑问词图

扩句看似简单，但它要求作者站在读者的角度思考，确定读者需要知道哪些信息。

在设计扩句练习时，教师要考虑以下几点因素：
- **不是每个核心句都要使用所有的疑问词**。在介绍扩句策略时，最好只使用不超过三个疑问词。

- 向一级学生介绍核心句时，最好使用"when""where"和"why"这三个疑问词。
- 疑问词应由教师提供，而不是学生。但是，学生在独立写作时应该能够选择他们认为能够给读者提供最相关信息的疑问词来扩句。
- 疑问词的选择应取决于所使用的核心句以及你希望学生补充的信息。例如，如果核心句是"Jim ran"，你就不需要使用"who"，因为读者已经知道答案了。但是，如果核心句是"He ran"，那你就可以使用"who"。
- 疑问词"who"和"what"应始终对应核心句中的一个代词。如果你写下核心句"It sank"，那么对疑问词"what"的回答就可能是"the Titanic"。为避免混淆，应尽量在核心句中只使用一个代词。
- 学生在进行扩句练习时，必须对主题有足够的了解。例如，如果学生对the Titanic一无所知，就无法理解核心句"It sank"中的"It"所指为何。此外，他们还需要掌握回答疑问词所需的信息。
- 在扩句时，学生应首先回答"when"的问题。这有助于他们练习在写作中常见而在日常口语中不常见的句式。
- 学生在扩句时不应添加核心句或疑问词回答之外的信息。同时也不应删除核心句中的任何信息。
- 疑问词"how"可以表示副词的回答，例如：

Ailish walked into the house slowly.

"how"也可以描述某事是如何完成的（方式），例如：

Sarah figured out the answer by using her calculator.

> **提示**
>
> 格式至关重要！在以书面方式回答疑问词时，学生应以笔记形式而非完整句子来书写。也就是说，你需要在疑问词后面加上虚线方便他们填写回答。
>
> 在本书中，虚线用于写笔记（关键词和短语、缩写和符号），而实线则用于填写完整句子。老师应确保学生理解虚线和实线在使用上的区别。我们将在下一节介绍如何指导学生记笔记。
>
> 学生在扩句时要确保语法正确，并正确使用大小写和标点符号。

扩句示例

学生掌握了扩句的概念后，你就可以结合你正在教授的内容给他们布置一个扩句练习。你需要明确学生通过练习应掌握哪些知识，预测他们可能的回答，并判断他们是否具备足够的知识来给出你期望的答案。

提醒学生注意，如果疑问词中包含"when"，他们应该从"when"开始扩句。

英语

如果学生正在阅读乔治·奥威尔（George Orwell）的《动物农场》（*Animal Farm*），你可以考虑采用以下练习：

要求：请扩写以下句子。

He called a meeting.

Who?　Old Major

When?　3 days b/4 he died

Where?　Manor Farm

Why?　encourage animals to revolt

扩 句：Three days before he died, Old Major called a meeting at Manor Farm to encourage the animals to revolt.

数学

如果你是数学老师，正在讲解分配律，你可能会让学生解答以下问题：

$2(x+6)=14$

然后你可以给学生一个例题以及一个核心句：

She made a mistake.

学生必须回答疑问词"who""when"以及"why"。以下是可能的扩句结果：

Jasmine's Work

Problem	$2(x + 6) = 14$
Step 1	$2x + 6 = 14$
Step 2	$2x + 6 = 14$
	$-6 = -6$
	$2x = 8$
Answer	$2x = 8$
	$x = 4$

要求：请扩写以下句子。

She made a mistake.

Who? **Jasmine**

When? **Step 1**

Why? **didn't distribute 2 to both terms inside " ()"**

扩　句：In step 1, Jasmine made a mistake because she didn't distribute the 2 to both of the terms inside the parentheses.

历史

> **要求**:请扩写以下句子。
>
> She became pharaoh.
>
> Who?   Hatshepsut
>
> When?   after husband died
>
> Why?   b/c stepson too young to rule Egypt
>
> 扩句:After her husband died, Hatshepsut became pharaoh because her stepson was too young to rule Egypt.

科学

> **要求**:请扩写以下句子。
>
> They make good barriers.
>
> What?   lipids
>
> Where?   around cells
>
> Why?   non-polar
>
> 扩句:Lipids make good barriers around cells because they are non-polar.

以下的辅助练习有助于学生理解使用特定策略的原因、时机以及方式。

一级学生扩句练习

如果学生正在阅读埃尔文·布鲁克斯·怀特（Elwyn Brooks White）的《夏洛特的网》（*Charlotte's Web*），可以考虑进行以下练习：

要求：确定这些词语分别对应who、what、when、where、how中的哪个疑问词。

Farms	where	quickly	how
rabbits	what	yesterday	when
carefully	how	inside	where
the fair	where	Charlotte	who
Mr. Arable	who	newspaper	what

要求：确定带下画线的词语分别表示who、what、when、where、how中的哪个疑问词。

Leonardo da Vinci was born in <u>Italy</u>.	where
<u>At the age of 14</u>, da Vinci became an artist's apprentice.	when
<u>The Medici family</u> employed da Vinci for years.	who
<u>Between 1503 and 1519</u>, da Vinci painted the Mona Lisa.	when
Da Vinci moved to France <u>because he was invited by King Francis I</u>.	why

> **要求**：确定扩句里的疑问词（who、what、when、where、how）。
>
> 核心句：They tag butterflies.
>
> 扩　句：Scientists tag butterflies because they want to track their travel routes.
>
> 疑问词：who, why
>
> 核心句：Monarch butterflies migrate.
>
> 扩　句：At the end of October, monarch butterflies migrate to Southern California and Mexico.
>
> 疑问词：when, where

二级学生扩句练习

如果学生正在阅读玛丽·雪莱（Mary Shelley）的《弗兰肯斯坦》（*Frankenstein*），你可以考虑进行以下练习：

> **要求**：在扩句的疑问词（who、what、when、where、how）下面画线并标注。
>
> 核心句：She published Frankenstein.
>
> 扩　句：In 1818, Mary Shelle published Frankenstein.
>
> 疑问词：when, who
>
> 核心句：He is feverish.
>
> 扩　句：Every night, Dr. Frankenstein is feverish because he is obsessed with finding the secret of life.
>
> 疑问词：when, who, why

扩句练习的差异化教学

对于需要额外帮助的学生：

• 在作业纸上"when"一词旁标注一颗星星符号，提示学生以这个词作为开头进行扩句练习。

要求：请扩写以下句子。

She won the Nobel Peace Prize.

Who? <u>Malala</u>

★ When? <u>2014</u>

Why? <u>because she fought for girls' education</u>

扩　句：<u>In 2014, Malala won the Nobel Peace Prize because she fought for girls' education.</u>

• 按照你希望学生在扩句练习时使用疑问词的顺序，对疑问词进行编号。

要求：请扩写以下句子。

She won the Nobel Peace Prize.

（2）Who? <u>Malala</u>

（1）When? <u>2014</u>

（3）Why? <u>because she fought for girls' education</u>

扩　句：<u>In 2014, Malala won the Nobel Peace Prize because she fought for girls' education.</u>

⚠️ 注意

在给学生布置扩句练习时要格外注意,否则可能会造成意外的混淆。请记住以下准则:

- 告诉学生,在扩句时,不要添加疑问词回答中没有的信息,不要用其他词替换核心句中的词语(除非是代词),也不要删除核心句中的信息。

- 疑问词"when"只能指特定的时间或时间段,而不能指任何时候(例如,"When I eat too much, my stomach hurts")。

- 如果使用"who"或"what"作为疑问词,那么核心句中应包含相应的代词。如果其中一个疑问词是"who",答案是"Lincoln",那么核心句可以是"He issued an order"。如果其中一个疑问词是"what",答案是"the book",那么核心句可以是"It was stolen"。

- 不要使用祈使句作为核心句。祈使句主语是隐含的,比如"Ride cars"或"Go fast",可能会造成混淆。如果你问"who",学生就不清楚你期望的答案是什么。

- 残缺句不能作为核心句!"In the schoolyard"和"Irrigation of deserts"不是核心句。

- 核心句要简短(三到四个词)。

- 如果"when"是你选择的疑问词之一,即使你希望学生以"when"为开头扩写句子,也应始终按照它们的顺序——who、what、when、where、why、how——在作业上列出疑问词。这种顺序比较常用,让学生熟悉这一顺序有助于他们扩写句子。

- 请记住,疑问词应由教师选择,而非学生。如果让学生自己选择疑问词,他们可能会遗漏关键信息。等学生逐渐成为经验丰富的写作者,他们可以在修改自己作品的过程中,选择合适的疑问词来扩句。

笔记的力量：关键词和短语、缩写和符号

我们常以为学生知道自己该如何有效记笔记，但实际情况并非如此。考虑到我们一生中总是需要记笔记，我们相信为学生打下坚实的记笔记基础将在众多方面令他们受益匪浅。这主要包括教学生如何识别重要的单词和短语，以及如何使用符号和缩写。许多学生在学习如何使用缩写和符号将信息转化为笔记时需要明确的指导。

> **为什么要练习记笔记？**
> - 帮助学生识别哪些是关键信息，哪些不是。
> - 加深学生对材料的理解。
> - 帮助学生更好地吸收和记忆信息。
> - 培养学生的分析性思维。
> - 有助于学生在写作之前列出提纲。

将文本或语音信息转换为笔记是你能教给学生的最有价值的技能之一。它不仅是一种在纸上快速记录信息的方法，还是一种处理和理解所读、所听和所学内容的方式。

将句子转换成笔记要求学生能够提取最关键的单词和短语，并以不同的方式表达出来。这种练习可以避免死记硬背，确保学生能够理解、吸收并记忆信息。有关记笔记的更多好处，请参考"专家问答"部分。

学习识别文本中的关键词和短语，并将其简化为笔记，也是霍克曼方法的重要步骤。学生需要知道如何使用这些关键词和短语来回答扩句练习中的疑问词。他们需要运用同样的技巧为段落和文章列提纲，以及记录阅读内容

或课堂上学到的知识。

随着学生经验的积累，他们将会发展出自己独特的笔记风格。但刚开始首先要向他们介绍具体的技巧，并让他们进行充分的练习。

记笔记不仅是一项宝贵的技能，也是提高理解能力和巩固知识的有效方法。

向学生介绍记笔记

与本书中的所有练习一样，向学生介绍记笔记时，教师首先应该进行示范。虽然在这个阶段不必将练习融入课程内容，但如果这些内容已经在课堂上教授过，那么这样做还将为学生提供一个复习的机会。

学生可以与全班一起完成以下记笔记练习的步骤。每个步骤之后，学生都可以进行独立练习。以下示例适用于4年级及以上的学生。对于1年级至3年级的学生，可以只使用关键词和短语，而不使用符号和缩写。

1. 在句子中画出关键词和短语。（句子中一定要包含几个实词和短语。）

The magma chamber is a zone of molten rock.

2. 将句子转换成笔记。

The magma chamber is a zone of molten rock.

magma chamber = zone/molten rock

3. 将给定的笔记转换成句子。

↑ gases → magma blasting through Earth's surface

The increase of gases leads to magma blasting through Earth's surface.

向学生介绍常用的缩写，例如b/c表示"because"，w/表示"with"，w/o表示"without"。提醒他们，在写笔记时应该省略the、and和a等词。

图3.2列出了一些最常用的符号。请注意,"="也可以用来表示同位语。

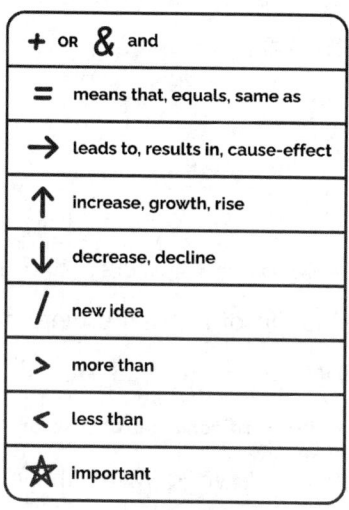

图3.2 常用笔记符号

可以考虑将此图张贴在方便学生参考的地方。有关常用缩写和符号的更详尽的图表,请参见附录B。

⚠️ **注意**

- 对于句子简单、内容不翔实的文章,不要让学生画线和做笔记。因为往往这些材料中很多单词和句子都同样重要,几乎无法识别最重要的观点或单词。对于为年幼或阅读困难的读者编写的材料尤其如此。

- 在使用缩写和符号时,避免使用斜线来分割一组相关内容。例如,你一定不希望学生这样记录大陆会议:

  ❌ 错误的笔记:Continental Congress = meeting/of/states

这里我们不提供一级水平练习的例子，因为一级学生在进行扩句练习和创建单段大纲时，应该主要在教师的指导下使用关键词和短语。关于单段大纲的更多信息将在第6章详细描述。

二级水平教学示例

要求：将句子转换成笔记（关键词、短语、缩写和符号）。

1. The assassination of Franz Ferdinand, the archduke of Austria, led to World War I.

assassination of Franz Ferdinand = archduke of Austria → WWI

2. At the beginning of World War I, the Allies were France, the United Kingdom, and Russia, while the Central Powers were Germany and Austria-Hungary.

beg. of WWI/Allies = France, UK, + Russia/Central Powers = Germany + Austria-Hungary

要求：将笔记转换成句子。

1. Neolithic Rev. = 1st Agricultural Rev. → civilization

The Neolithic Revolution, the first Agricultural Revolution, led to civilization.

2. invention of new tools → easier farming + ↑ food supply

The invention of new tools led to easier farming and an increased food supply.

专家问答

研究表明，记笔记通常会提高学习效果，原因有二：

1. 记笔记有助于学生更好地理解信息，提高他们的记忆力和理解力。
2. 学生通过复习笔记来学习时，学习效果会得到第二次提升。

使用关键词、短语、缩写和符号能帮助学生更轻松地提炼和记录信息。

学生在阅读或听讲座录音时记笔记会更容易。他们有更多的时间思考和记录信息，而不必边努力听课边记录。实际上，老师也可以暂停讲课给学生留记笔记的时间，这样记笔记会变得更容易。老师也可以让学生利用课间休息时间查看和修改笔记，或者让他们与同伴或小组一起讨论。研究显示，学生在修改笔记时——尤其是在课堂上而不是课后，或者在阅读暂停期间——往往能记住更多信息。

另一种有效的记笔记方法是提前告知学生你要讲几个要点，或者简单地给他们一些提示：类似"这是一个重点，一定要把它添加到你的笔记中"这样的话。研究发现，在学生自己记完笔记后，向他们提供完整、书写清晰的笔记可以显著提高他们的学习效果。

老师还可以提供"指导性笔记"，比如一份包含部分信息的大纲，留出空间供学生自行填写关键点。这种方法可以显著提高所有年级学生——包括有学习障碍的学生的学习成绩。但是，如果你直接给学生提供完整、预先写好的笔记，效果通常不太好。

也有研究对比了手写笔记与在笔记本电脑或其他数字设备上记电子笔记的相对优势。使用电子笔记速度更快，这有助于学生听讲。但缺点是，电子笔记可能会导致学生逐字记录全部内容，而不是总结重点。手写笔记可以帮助学生对材料进行更深入地处理，因为他们需要分析信息并提取最重要的内容。

选择电子笔记还是手写笔记，取决于学生和材料的性质。如果材料复杂且难以理解，那么电子笔记可能更合适，这样他们有更多时间专注于老师所讲的内容。然后，他们可以在复习时根据需要修改笔记。

请记住，记笔记会给工作记忆带来沉重的负担，尤其是学生在听课的同时记笔记时。这是因为学生必须先理解学习内容，然后找出关键点，如果有必要的话，还需将它们与之前学过的内容联系起来，进行总结或转述，最后在老师继续讲下一个要点时将其记录下来。这个过程会给学生带来巨大的认知负荷，甚至可能会降低他们的理解力和记忆效果。

对生物燃料文章教学感到失望的几个月之后，耶茨老师开始指导学生进行扩句练习，并教他们记笔记的技巧：如何识别句子中的关键词、如何使用箭头表示因果关系、如何缩写像"because"这样的常用词。他还在教室墙上贴了一张符号和缩写表，现在学生已经养成了参照的习惯。

课程内容也从气候变化转向了动物行为。有一天，耶茨老师布置了一篇关于鲨鱼为什么睡觉的文章，并告诉学生在阅读期间以及阅读后，运用他们学到的技巧做笔记。他还给了他们一个核心句"They sleep."，要求扩写并附带疑问词。

第二天上课时，耶茨老师给学生布置了一个随堂测试："What can data on shark sleep tell us about the function of sleep in animals generally?"

几个月前，米歇尔对生物燃料问题的回答很简略，而这次她写道：

"Scientists did an experiment showing that sharks use less energy when they sleep, which means they have a lower metabolic rate. The scientists say that supports their hypothesis that sleep helps animals, including humans, conserve energy."

当耶茨老师阅读米歇尔的回答和其他学生的回答时，他露出了满意的笑容。学生不再只是机械地照搬文章内容，他们的答案表明他们真正理解了文章。耶茨老师觉得自己已经为他们升至11年级乃至以后打好了基础。

总结

- 在教室墙上挂上参考图并按照以下顺序列出疑问词：who、what、when、where、why以及how。
- 提供表达完整的核心句，核心句不能是祈使句、疑问句或残缺句。
- 一级学生在最开始进行扩句练习时应从"when""where"和"why"开始。
- 核心句应只包含一个代词。
- 学生应以笔记的形式在虚线上写下疑问词的答案，并在实线上完成扩句。
- 如果疑问词包含"when"，学生应以"when"开始扩句。
- 学生在扩句时不应添加、删除或替换信息（但允许替换代词）。
- 使用扩句练习可以帮助学生预测读者需要了解的信息。
- 使用扩句练习能够检验学生对内容的理解程度。
- 记笔记是获取和记忆知识的一种高效策略。

> - 就读3年级上学期及以下年级的学生在记笔记时应仅使用关键词和短语。在掌握上述关键点之后,再开始酌情使用符号和缩写。

讨论

1. 学生为什么需要练习扩句?
2. 设置扩句练习时需要记住哪些重要事项?
3. 哪些方法可以帮助学生适应扩句练习并逐层推进?
4. 根据你将要教授的内容设计一个扩句练习。
5. 学生为什么需要学习如何记笔记?
6. 引导学生记笔记的步骤有哪些?
7. 你可以采取哪些措施确保学生有效记笔记?

第4章

句子：

增添多样性与复杂性

新学年伊始，为了评估学生的写作水平，怀特（White）老师给3年级的学生布置了一个写作任务："请写一段话来描述你暑假中最精彩的时刻。"

如图4.1所示，洛拉的回答颇具代表性。

要求：请写一段话来描述你暑假中最精彩的时刻。

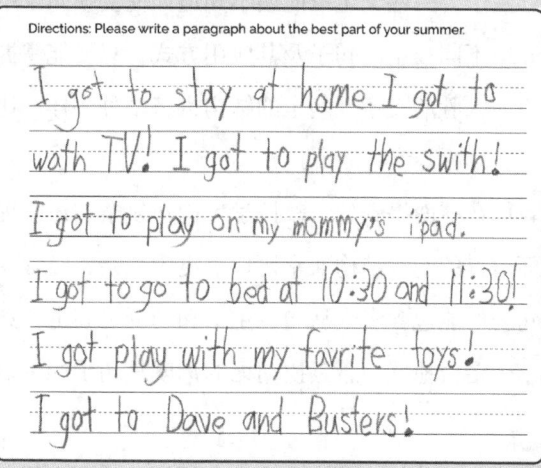

图4.1　洛拉的回答

怀特老师尝试着寻找其中的亮点。洛拉的句子结构完整，大多数单词拼写无误，书写也很规范，大小写和标点符号使用得当，甚至巧妙地运用了撇号。整个段落紧扣题目。

> 但是，洛拉的句子结构千篇一律。差不多每个句子都是以感叹号结束，只用了两个句号，此外几乎没有变化，整个段落读起来像是流水账。
>
> 最近几年来，怀特老师一直在努力帮助学生构建更为复杂的句子结构，但他的建议——比如，避免频繁使用感叹号——似乎收效甚微。
>
> 他也曾尝试鼓励学生仿写他们读过的儿童文学作品中的句子，但学生似乎还是不知道该怎么做。实际上，完全理解那些结构复杂的句子对大部分学生仍有难度。

问题的关键在于，一些学生可能还不知道如何变换句子结构，除非老师系统地向他们介绍不同类型的句子及其应用方式。只要能掌握这些知识，学生就能创作更引人入胜的文章，句子的结构也将多种多样，比如包含多个从句的复合句。

此外，如我们在前面提到的，教授学生构建复杂句还能提升他们的阅读理解能力。书面语言的句法结构通常比口语更为复杂，经常令学生感到陌生又困惑。书面句子可能包含多个从句，主语和动词之间也会穿插大量其他信息。这会导致学生错误地认为，紧挨动词的词就是句子的主语，但事实往往并非如此。

即使是儿童读物，其句法结构也比成人日常对话更为复杂。随着年级的提升，学生阅本（包括原始历史文献）的句法结构也越来越复杂，对复杂句法不熟悉可能会造成学生理解上的严重障碍。

我们从儿童文学、经典小说和历史文献中摘录了一些学生可能会遇到的难以理解的复杂句式和长句。

Next morning when the first light came into the sky and

the sparrows stirred in the trees, when the cows rattled their chains and then roosters crowed and the automobiles went whispering along the road, Wilbur awoke and looked for Charlotte.

——《夏洛特的网》, 埃尔文·布鲁克斯·怀特

In consideration of the day and hour of my birth, it was declared by the nurse, and by some sage women in the neighborhood who had taken a lively interest in me several months before there was any possibility of our becoming personally acquainted, first that I was destined to be unlucky in life;and secondly, that I was privileged to see ghosts and spirits; both these gifts inevitably attaching, as they believed, to all unlucky infants of either gender, born toward the small hours on a Friday night.

——《大卫·科波菲尔》(David Copperfield),

查尔斯·狄更斯 (Charles Dickens)

When in the course of human events, it becomes necessary for one people to dissolve the political bonds which have connected them with another, and to assume among the powers of the earth, the separate and equal station to which the Laws of Nature and of Nature's God entitle them, a decent respect to the opinions of mankind requires that they should declare the causes which impel them to the separation.

——《美国独立宣言》(The United States Declaration of Independence)

不熟悉复杂句法是一个普遍现象。一项针对约2.5万名美国学生的研究发现，在8年级学生中，能够进行"复杂句法评估"的学生仅占10%。这个问题并非只出现在长期以来处于弱势地位的群体或有阅读障碍的学生身上。一位哈佛大学的英语教授发现，在教授《红字》(*The Scarlet Letter*)时，她的学生"确实很难理解句子——具体来说，他们甚至无法辨认出主语和动词"。

但是，学生必须先学会走，才能跑。在我们深入探讨从属连词、过渡词和同位语等概念之前，先让我们从基础知识开始学习。

4种基本句型

无论句子多么复杂，都可以归类为以下4种基本句型（Sentence Type）：

说明型句子（陈述句）

提出一个想法或观点；这是最常见的句型。

如：Theodore Roosevelt created five national parks.

命令型句子（祈使句）

给出建议或指导，或表达请求或命令。

如：Visit a national park.

询问型句子（疑问句）

提出问题，一般以问号结束。

如：How can the national parks be protected?

感慨型句子（感叹句）

表达强烈的情感或强调，一般以感叹号结束。

如：National parks must be protected!

> **为什么要进行句型练习?**
> - 帮助学生变换句子结构。
> - 提供构建主题句和结论句的3种策略之一。
> - 引导学生提出问题。
> - 帮助学生正确使用标点符号。
> - 巩固学生的拼写、词汇表达和学术语言知识。
>
> 向学生介绍这4种基本句型,有助于他们在写作时变换句子结构,丰富表达形式。

区分句型

在讲解4种基本句型之后,让一级学生进行句型识别练习。告诉他们"S"代表陈述句;"Q"代表疑问句;"E"代表感叹句;"C"代表祈使句。你可以为学生设计以下练习:

> **要求:** 识别句型(S、Q、E、C)。
>
> <u>S</u>　Tony doesn't want to go.
>
> <u>Q</u>　Does Tony want to go?
>
> <u>E</u>　Don't go, Tony!
>
> <u>C</u>　Go now.

此外,你还可以通过句型练习教学生如何正确使用标点符号。例如,你可以给学生一些未加标点的句子,要求他们添加合适的标点符号。告诉他们,祈使句可以用句号或感叹号结尾。

> **要求**:为每个句子添加正确的标点符号。
>
> Anna doesn't want to go ＿.＿
>
> Does Anna want to go ＿?＿
>
> Don't go, Anna ＿!＿

利用句型练习评估和巩固词汇知识

比如,在教授"fluctuate"(波动)这个词时,你可以让学生用这个词的不同形式构造各种类型的句子。他们可能会创作出如下句子:

> **要求**:请用"fluctuate"的任意形式按类型造句。
>
> 陈述句:Climate change is causing extreme fluctuations in the weather.
>
> 疑问句:What causes body temperature to fluctuate?
>
> 感叹句:Fluctuating weather patterns can be dangerous!
>
> 祈使句:Prepare for extreme fluctuations in weather.

但并非所有主题都适用这4种句型。在确定特定练习的句型时,记得要始终预测学生可能的回答。

比如,在数学课上,学生可以利用"diagram"(图表)造句。

> **要求：**请用"diagram"这个词按类型造句。
>
> 陈述句：The diagram represents 1/2.
>
> 疑问句：Is a diagram a visual representation?
>
> 祈使句：Draw a diagram that has four sides and measures 360 degrees.

除了围绕一个单词写出4种句型，你还可以考虑使用与学生正在学习的课程内容相关的词汇。

一级水平教学示例

> **要求：**请使用下列单词按类型造句。
>
> register（祈使句）
>
> Register to vote.
>
> elections（陈述句）
>
> There are national, state, and local elections.
>
> vote（感叹句）
>
> Every vote counts!
>
> democracy（疑问句）
>
> How are citizens represented in a democracy?

二级水平教学示例

> **要求**：请使用下列单词构造两个陈述句和两个疑问句。
>
> prophase（陈述句）
>
> Prophase is one of the phases of mitosis.
>
> eukaryotic cells（陈述句）
>
> Mitosis can only occur in eukaryotic cells.
>
> mitosis（疑问句）
>
> What are the five phases of mitosis?
>
> chromosome（疑问句）
>
> How many chromosomes does each cell produced by mitosis have?

句型练习的差异化教学

如果有学生需要额外的帮助或更大的挑战，你可以进行如下调整：

对于水平高的学生，要求他们写出全部4种句型的句子；对于水平较低的学生，只需写陈述句和疑问句即可。

如何提升知识和技能:一个关键问题

> **为什么要练习疑问句?**
> - 激发学生对文本中关键特性的思考。
> - 促进深度阅读。
> - 帮助学生聚焦于问题的核心要素。
> - 让学生练习理解和运用说明性术语(参见附录A)。
> - 协助学生预测可能被问到的问题。
> - 加深对知识和词汇的理解。
> - 培养学生的分析能力。

对学生而言,学会提问与学会回答同样重要。学生在构建疑问句的过程中,能够培养更高层次的认知能力,并且能够集中精力把握构成问题核心的思想内容。

例如,假设你需要根据阅读过的段落来构思一个问题。你可能需要反复阅读,自问这段内容究竟涉及什么主题。你可能会提出如下问题:

"为什么让学生学习如何构建疑问句很重要?"

或者:

"学生在构建疑问句的过程中会培养哪些技能或能力?"

将提问练习融入学生正在学习的内容可以鼓励他们从长期记忆中提取信息,仔细阅读并反复阅读以确保记忆准确无误,并深入思考他们正在学习的内容。

通过图片培养学生的提问技巧

向学生传授提问技巧的一个绝佳方法是,给他们展示一幅图片,让他们依据所看到的内容提出两三个问题。如果图片与课程内容紧密相关——比如历史课上的漫画或历史事件照片,那么要求学生同时提出问题并给出答案将有助于评估学生对材料的理解程度。

一级水平教学示例

比如在一级学生学习《赶牛车的人》(*Ox-Cart Man*)时,你可以引导他们练习提问。

要求:请提出3个与《赶牛车的人》的封面相关的问题。

1. When does this story take place?

2. Why is there a cow pulling the cart instead of a horse?

3. What's going to go in the cart?

二级水平教学示例

对于数学课上的二级学生,你可以为他们设计以下练习:

要求：请提出3个与图片相关的问题并给出答案。

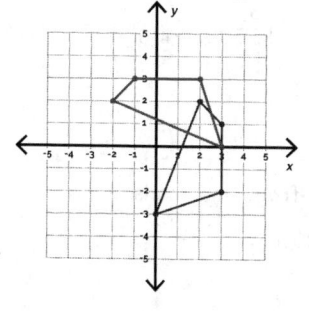

1Q: Are the shapes congruent?

1A: The shapes are congruent.

2Q: Which quadrant are both figures in?

2A: Both figures are in quadrant 1.

3Q: What type of transformation is this?

3A: This transformation is a rotation.

运用说明性术语

附录A("说明文写作术语")中罗列了一些特定类型回答所需的术语，例如"analyze"（分析）和"compare"（比较）。通过以下练习，学生在考试或阅读文章时就能更准确地把握术语的多重含义。例如，如果学生在编写自己的写作题目时已经接触过"enumerate"（列举）和"summarize"（总结）等术语，那么他们在遇到使用这些术语的要求时，就不那么容易感到迷惑。你可以鼓励学生使用说明性术语来编写测试或作业要求，并进行回答。

根据学生的年级和所学内容，他们可能会提出以下问题。是否要求学生提供答案可以根据具体情况而定。

一级水平教学示例

要求： 请使用"compare""summarize"和"describe"(描述)3个词，撰写3个关于青蛙和蟾蜍的说明性描述。

1: Compare frogs and toads.

2: Summarize the differences between frogs and toads.

3: Describe the appearances of frogs and toads.

二级水平教学示例

要求： 请使用"describe""enumerate"和"explain"(解释)3个词，撰写3个关于专制统治者的说明性描述，并给出答案。

1: Describe the role of absolute rulers in medieval Europe.

1A: Absolute rulers had total control over their countries.

2: Enumerate possible reasons for opposition to absolute rulers.

2A: First, people had no political power. Second, the rulers controlled the practice of religion. Lastly, they had total control over the economy.

3: Explain why absolute rulers believed they were entitled to their power.

3A: Absolute rulers believed that they had a divine right to rule.

连词、复杂性与从句

连词（Conjunctions），如"because"和"but"，是用来连接单词、短语和从句的词汇。通过使用连词，可以为读者提供更丰富的信息，使写作更加清晰和生动。

从句（Clause）由一组包含主语和动词的词构成，可以分为两种类型：

- 独立从句/主句（Independent/Main Clause）能够表达完整的思想，可以作为一个独立句子使用。例如，在句子"The teacher was happy because I did my homework"中，"The teacher was happy"就是一个独立从句。
- 从属从句/从句（Dependent/Subordinate Clause）不能表达完整的思想，不能独立作为一个完整句子使用。在上述例子中，"because I did my homework"就是一个从属从句。

通过连词练习，学生能够创作出更加复杂的句式。练习的同时，也能培养他们理解阅读材料中这类句式的能力。

简单而高效的"because-but-so"

"because-but-so"是TWR方法中的一个高效句子练习，它虽然看似简单，却能有效地促使学生进行分析性思考。

> **为什么要进行基础连词练习？**
> - 能够培养学生撰写扩展和详细回答的能力。
> - 能够检验学生的理解程度。
> - 能够培养学生的分析性思维。
> - 能够促进学生深度阅读。
> - 能够帮助学生正确使用新词汇。
> - 能够加深学生对学术知识和词汇的掌握。

具体方法：给学生一个句子主干（句子开头），让他们使用连词将其扩展成3个独立的句子。这种方法有助于学生进行更具体、更有针对性的思考，而不仅仅是回答一个开放式问题。你可以思考一下以下两种方法的区别：直接问学生"为什么种子需要光才能生长？"，或者你可以让学生进行以下练习：

Seeds need light to grow because _____

Seeds need light to grow, but _____

Seeds need light to grow, so _____

确保学生理解每个连词的含义，你可以这样解释：

• "because"用来解释为什么某事是真的，为什么某事发生了，或为什么某种情况存在。

• "but"表示转折。

• "so"表示其他事情导致的结果，可以理解为因果关系。

与其他TWR方法里的练习一样，"because–but–so"的严谨性取决于其内容。老师在根据所教授的内容设计练习时，首先要预测学生可能的回答，并确保学生有足够的知识以完成练习。

除了能指导学生创建并列句和复合句,这项练习还能促使他们批判性地深入思考正在学习的内容,鼓励他们回顾课本。此外,它还有助于你精确评估学生的理解程度。

要求: 完成下列句子主干。

The Nile was beneficial to ancient Egyptians because <u>it provided fertile soil for farming.</u>

The Nile was beneficial to ancient Egyptians, but <u>annual floodwaters caused destruction.</u>

The Nile was beneficial to ancient Egyptians, so <u>the river was worshiped as a god.</u>

此外,通过这项练习,学生还能练习新学的词汇和拼写。你可以将这些单词嵌入你创建的句子主干。例如,如果你的学生刚刚学习了"mediocre"(普通的)这个词,你可以给他们以下句子开头:

> **要求**：完成下列句子主干。
>
> The critic thought the restaurant was mediocre because **the menu was limited**.
>
> The critic thought the restaurant was mediocre, but **others believed it was excellent**.
>
> The critic thought the restaurant was mediocre, so **he rated it 3 stars instead of 5 in his review**.

此外，你还可以根据教学内容和学生能力对同一主题设计不同的句子主干，而不一定要用上所有3个连词。

> **要求**：完成下列句子主干。
>
> Diversity in a gene pool is better for survival because **more favorable phenotypes are more likely to survive and produce offspring**.
>
> Evolution occurs slowly over long periods of time, but **that is not the case with bacteria resistant to antibiotics**.
>
> Populations tend to grow and exceed their limited resources, so **competition results in differential survival**.

对于一级学生，你可以让学生在尝试书面练习之前先进行口头练习。为方便学生理解，你可以先使用他们熟悉的内容或常识——例如，"The teacher was happy"。学生的口头回答可能如下：

The teacher was happy because we raised our hands.

The teacher was happy, but she still gave us homework.

The teacher was happy, so she gave us a longer recess.

在学生掌握了这个概念后，再将练习融入你的教学内容。比如，你的班级正在学习亚伯拉罕·林肯（Abraham Lincoln），你可以给学生这样的句子主干，"Abraham Lincoln was a great president because"对应的练习如下所示：

要求： 完成下列句子主干。

Abraham Lincoln was a great president because <u>he kept the country united.</u>

Abraham Lincoln was a great president, but <u>critics have called him a dictator because of his broad use of emergency powers.</u>

Abraham Lincoln was a great president, so <u>more books have been written about him than any other American president.</u>

对于一级学生，你可以每次只专注使用一个连词，比如给学生两三个不同的句子主干，要求他们用"because"来完成。例如，如果你的学生在阅读《马拉拉的魔法铅笔》(*Malala's Magic Pencil*)，你可以布置以下练习：

> **要求：**完成下列句子主干。
>
> Malala wished for a magic pencil because <u>she wanted to use it to bring peace to the world.</u>
>
> Dangerous men tried to silence Malala because <u>her voice became so powerful.</u>
>
> Malala wrote about her life because <u>she wanted more people to know what was happening to girls in her city.</u>

基础连词区分练习

你可以轻松调整"because-but-so"活动，以适应不同能力水平的学生。你可以给所有学生相同的句子主干，但要求能力较强的学生完成全部3个连词的练习，而对于其他学生，你可以只要求他们完成一两个连词。

> ⚠️ **注意**
>
> 在设计和布置"because-but-so"练习时，请注意以下格式要求：
>
> - 格式非常关键！完成句子主干带下画线的空白部分应与连词在同一行，而不是单独的下一行。这样可以避免学生在连词后使用大写字母开始新的句子，而不是继续写从句。
>
> 错误格式示例：
>
> The war was won because
>
> ❌ <u>The colonists were determined to protect their country.</u>
>
> 错误格式示例：

不要只是简单罗列连词而不重复句子主干：

❌ The war was won because

　　　　　but

　　　　　so

因为这样学生可能误以为要在一个句子中使用所有3个连词：

❌ <u>The war was won because the colonists were determined to protect their country but there were many casualties so the United States was able to gain its independence.</u>

按照示例，正确遵循"because-but-so"练习的格式非常重要——每个句子都要重复一遍句子主干，并要在每个连词后紧跟一个空白行，要求学生在空白行里完成句子。

正确格式：

✅ The war was won because <u>the colonists were determined to protect their country.</u>

✅ The war was won, but <u>there were many casualties.</u>

✅ The war was won, so <u>the United States was able to gain its independence.</u>

- 在设计连词练习时，要先预测学生的回答。在要求学生完成句子之前，一定先自己完成一次。

- 不要让学生来确定句子主干，因为这可能导致他们遗漏关键信息。

- 确保学生理解"so"在这个练习中的含义，并不是用来表达"I admire Nelson Mandela so much."这样的意义。相反，它在这里是一个引入语，告诉我们由某事导致的结果。

- 注意区分"so"（表示因果关系）和"so that"（通常表示原因而非结果）。例如：

  ▶ Hammurabi created a written code of laws so that he could establish justice in Babylon.

  ▶ Hammurabi created a written code of laws, so Babylon experienced a period of stability.

- 并不是每篇课文都适合进行包含所有3个连词的练习。如果一篇课文只提供了关于亚伯拉罕·林肯总统任期的正面信息，那么学生很难完成含有"but"的句子。在这种情况下，你只能给学生"because"和"so"这两个连词。

- 如果学生使用"because""but"和"so"作为句子开头，他们可能只能写出一个片段而非一个完整的句子。随着他们写作技能的提升，学生可以尝试着以这些连词为开头写句子。

- 确保学生在"but"之后提供的是同一主题的对比信息，而不是其他主题的信息。

- 让学生注意，"but"连接两个独立从句时，它前面需要有逗号。但如果"but"连接的是一个独立从句和一个片段（从属从句），则不需要加逗号。

- 最后，确保学生能够获取完成练习所需的所有信息。

增加复杂性：从属连词

> **为什么要进行从属连词练习？**
> - 促进复杂句式的使用。
> - 提高阅读理解能力，让学生熟悉阅读中会遇到的句法。
> - 帮助学生变换句子结构。
> - 强化学科知识和词汇知识。
> - 鼓励深度阅读和文章参考。
> - 检验学生的理解程度。
> - 确保学生有能力扩展回答。
> - 提供撰写主题句和结论句的策略。

从属连词（Subordinating Conjunction），如"before"或"unless"，引导一个从属从句，并表明从句与中心思想之间的关系。例如，在句子"Although I drank a glass of water, I was still thirsty"中，从属连词"although"引出了一个与"I was still thirsty"相关的从句。从属连词在书面语中比较常见，但在口语中使用较少。在口语对话中，我们更倾向于说"I drank a glass of water, but I was still thirsty"。

以下从属连词经常用于书面句子的开头。从属连词（见图4.2）按照一级学生学习顺序排列，二级学生可按任意顺序学习：

1. After	6. Although
2. Before	7. Whenever
3. If	8. Since
4. When	9. While
5. Even though	10. Unless

图4.2 常用从属连词

从属连词可以出现在句子的开头、中间或结尾。但在教学时最好从句首开始使用——图4.2中的连词首字母大写也是这个原因。学生在掌握了使用从属连词之后即可把它们放在句子其他位置，灵活构建句子结构。通过这种方法，他们就能写出结构复杂且内容丰富的扩展回答。

利用从属连词，学生在开始撰写段落和文章时，能创造有趣且信息丰富的主题句或结论句。

向学生介绍从属连词

为了帮助学生掌握从属连词，老师可以先设计一些引导性从属从句，让学生完成，就像"because-but-so"练习里的句子主干那样。这种方法比直接提出开放式问题更能锻炼学生的分析思维和表达的精确度。

例如，直接问学生"Why was the Industrial Revolution important?"与要求他们完成以下句子主干，两者之间存在显著差异：

Although the Industrial Revolution brought many benefits, _____

Before England embarked on the Industrial Revolution, _____

对于"although"引导的句子主干，学生需要寻找对比或矛盾的信息来完成句子。而对于"before"引导的句子，他们则要掌握事件的时间线信息来完成句子。

一级水平教学示例

老师可以让一级学生根据你朗读的内容，进行口头或书面练习。对于一级学生，建议从时间顺序连词（如"before""after"）或条件连词"if"开始。

例如，如果学生读过《小鸡和莎莎酱》(*Chicks and Salsa*)，你可以提供以下句子主干，学生可能会给出类似的答案：

> **要求**：完成以下句子主干。
>
> Before the chickens made salsa, they crept into the garden to get tomatoes and onions.
>
> After the ducks were inspired by the chickens, they took cilantro from the garden to make guacamole.

如果学生已经读过《从种子到植物》(*From Seed to Plant*)，则句子主干以及预期的答案可能是这样的：

> **要求**：完成以下句子主干。
>
> Before a flower can make seeds, it has to be pollinated.
>
> If a seed isn't on or in soil, it will not sprout.
>
> After a seed germinates, the root grows down into the soil.

二级水平教学示例

如果学生正在阅读《变形记》(*Metamorphosis*),你可以提供以下句子主干,他们可能会给出以下答案:

> **要求**:完成以下句子主干。
>
> Although Grete is benevolent toward Gregor, she is repulsed by him.
>
> Since she wants Gregor to eat, Grete begins a monotonous feeding routine.
>
> If Grete had not shown compassion toward Gregor, he probably would have died sooner.

对于在科学课上学习浮力的学生,句子主干以及预期的答案可能是这样的:

> **要求**:完成以下句子主干。
>
> If an object has a higher average density than a liquid, the object is not buoyant enough to float.
>
> When an object has a larger surface area touching a liquid, the liquid exerts more upward force on the object.

连接思想：过渡词

> **为何要进行过渡词练习？**
> - 帮助学生识别并展现各观点之间的联系。
> - 为句子、段落和各部分之间建立逻辑连贯性。
> - 让学生能够提示读者应如何对所呈现的信息做出反应或进行处理。
> - 提升文章的可读性和吸引力。
> - 强化学科知识和词汇知识。

过渡词标示或指示思想之间的关系，因此也被称作信号词。过渡词能够使文章更加流畅，减少因陈述过于简短或缺乏详细解释而可能产生的混淆。

你应该进一步向学生解释，通常情况下，当过渡词位于句首时，其后应跟一个逗号。虽然过渡词也可以出现在句子中间，但在这里我们将特指位于句首的过渡词（参见图4.3）。

> **过渡词的分类**
>
> **时间和顺序**——表示事件的顺序、步骤的流程
>
> **结论**——表达总结、因果关系、观点、解决方案
>
> **说明**——举例、提供细节、解释或详细阐述陈述
>
> **方向改变**——表示对比或转折
>
> **强调**——证明一个观点或陈述；重申先前的陈述内容

图4.3　过渡词/词组

介绍过渡词

本章描述的句子级练习是向学生介绍过渡词的最有效方法。学生将学会如何使用过渡词来连接句子和段落。

在介绍过渡词时,建议从时间和顺序、结论性以及说明性过渡词开始。

时间和顺序过渡词

时间和顺序过渡词/词组,如"first""second"和"finally"等,对学生按时间顺序或过程步骤叙述时非常有用。尤其在解释数学问题的解答过程、描述科学过程、撰写情节摘要或追踪事件时间线时。

对于一级学生,建议继续使用简单的过渡词,如"first""second""finally"以及"then"和"next"(见附录C的类别1A)。对于更高级的学生,可以使用"initially"和"previously"等更复杂的词语(见附录C的类别1B)。

练习过渡词时,老师可以给学生一个句子,然后提供一个过渡词/词组引出第二个句子,要求学生完成句子。学生需要根据你提供的过渡词完成第二个句子。或者,你可以提供被引出的句子,但把过渡词留空,让学生填写合适的过渡词。

一级水平教学示例

The class trip to the Museum of Natural History was interesting. First, <u>we visited the insect exhibit.</u>

或:

The class trip to the Museum of Natural History was interesting. <u>First</u>, we visited the insect exhibit.

二级水平教学示例

There are a number of factors to consider when choosing sunglasses. Initially, you need to be careful that the lenses absorb 99%–100% of UVA and UVB rays.

或：

There are a number of factors to consider when choosing sunglasses. **Initially,** you need to be careful that the lenses absorb 99%–100% of UVA and UVB rays.

结论性过渡词

学生应该学会使用结论性过渡词标志段落的结束或引出结论段落。

使用"in summary"等总结过渡词可以简洁地总结文章的中心思想。在某些情况下，引出的结论也可能侧重于提出解决方案或表达观点。技巧更熟练的学生可以学习判断在何种情况下适合以总结性语句来收尾，何时适合用超越总结的升华结论来结束文章。

如"as a result"和"therefore"等结论性过渡词特别适用于引出表示因果关系的段落或文章结尾。表示因果关系的过渡词见附录C（星号标记）。

一级水平教学示例

Often plastic waste is not recycled and ends up in the ocean. As a result, **many sea animals may become extinct.**

或：

Often plastic waste is not recycled and ends up in the ocean. **As a result,** many sea animals may become extinct.

二级水平教学示例

如果你的学生已经阅读了《手斧男孩》(*Hatchet*)，你可以使用以下例子。

The smoke from the fire keeps the mosquitoes and birds away from Brian's shelter. Therefore, **he is able to maintain his food supply.**

提示

为了方便学生参考和提醒他们运用过渡词，建议将以下常用过渡词做成墙报展示出来。过渡词墙报应汇总学生在文章和文学作品中最可能遇到的过渡词/词组。更全面的过渡词/词组清单请参见附录C。

时间和顺序 1

first	also
second	in addition
last	before
next	later
finally	after

时间和顺序 2

initially	currently
previously	earlier
soon	meanwhile
later on	during
at last	simultaneously
additionally	furthermore

结论

in conclusion	consequently
to conclude	finally
in closing	therefore
in summary	thus
clearly	in the end
as a result	ultimately

说明

for example	as an illustration
for instance	to illustrate
such as	particularly
specifically	in particular

转折

however	but
even though	yet
in contrast	instead
on the other hand	on the contrary
although	

强调

in particular	primarily
certainly	particularly
obviously	moreover
most important	notably
in addition	keep in mind

或：

The smoke from the fire keeps the mosquitoes and birds away from Brian's shelter. **Therefore,** he is able to maintain his food supply.

说明性过渡词

说明性过渡词用于提供例证、支持性细节或用证据来解释或详细阐述一个陈述句。例如，"例如"的英文"for example"就是常见的说明性过渡词。说明性过渡词比较适合处于一级水平的高阶学生。对于低年级的学生，老师可以指导全班通过口头练习的形式介绍"for example"。

一级水平教学示例

Each of the gods had his or her area of responsibility. For example, **Apollo was the god of music and the sun.**

或：

Each of the gods had his or her area of responsibility. **For example,** Apollo was the god of music and the sun.

二级水平教学示例

The Agricultural Revolution changed people's lives. Specifically, **humans began to farm and plant on their own fields.**

或：

The Agricultural Revolution changed people's lives. **Specifically,** humans began to farm and plant on their own fields.

对于已经能够熟练使用时间和顺序、结论性和说明性过渡词的二级学生，可以向他们介绍另外两种过渡词：转折和强调。

转折过渡词

转折过渡词用于引出对比或转折的句子。在进行比较对比类写作以及撰写议论文时，它们扮演着重要角色。

提醒学生，有些转折过渡词，如"although"和"even though"，应该用作引导从属从句的连词，而不是独立的句子成分。例如："Although zoos are popular attractions, critics believe they are cruel to the animals."

一级水平教学示例

The zebra is related to a horse. However, <u>they are not the same species.</u>

或：

The zebra is related to a horse. <u>However,</u> they are not the same species.

二级水平教学示例

Red blood cells carry nutrients throughout the body. In contrast, <u>white blood cells fight infection.</u>

或：

Red blood cells carry nutrients throughout the body. <u>In contrast,</u> white blood cells fight infection.

强调过渡词

强调过渡词可以与转折过渡词一同介绍。这类过渡词用于强调一个观点或陈述，或者重申作者已经提出的内容。它们经常用于议论文、观点写作、投诉信和正式请求。这些过渡词有时也可以用作结论性过渡词。

对于一级学生，可以考虑只介绍以下强调过渡词：in addition、most importantly 和 in particular。

一级水平教学示例

Helen liked to read in Braille. In particular, <u>she loved the book</u> *Little Women*.

或：

Helen liked to read in Braille. **In particular**, she loved the book *Little Women*.

二级水平教学示例

如果你的学生已经阅读了《萨勒姆的女巫》(*The Crucible*)，那么你可以提供以下练习。

Dozens of people in Salem are accused of witchcraft. **Notably, Rebecca Nurse and John Proctor, highly respected members of the community, are accused.**

或：

Dozens of people in Salem are accused of witchcraft. **Notably**, Rebecca Nurse and John Proctor, highly respected members of the community, are accused.

混合使用：跨类别过渡词的应用

在学生对各类过渡词有了一定的了解后，可以鼓励他们在写作时选择不同类别的过渡词。以下示例展示了如何结合时间和顺序、结论性和说明性过渡词进行写作。

要求：请使用给定的过渡词连接下列句子。

In addition	For example
Specifically	As a result

1. Augustus Caesar introduced many economic reforms. **In addition,** he focused attention on political and social issues.

2. The rule of Augustus improved the status of women. **Specifically,** women had rights and could own property.

3. Roman engineers made major changes within the Roman Empire. **For example,** the engineers paved streets and designed sewage systems.

4. Augustus Caesar's reforms were a great success. **As a result,** Rome experienced over 200 years of peace and prosperity.

如果你的学生正在阅读《勇敢者的游戏》(*Jumanji*),你可以布置以下练习:

要求:根据过渡词完成句子。

1. Many scary things happened while Judy and Peter played *Jumanji*. Specifically, a lion tried to attack Peter.

2. *Jumanji* came with specific instructions. For example, the first player to reach the end must yell "*Jumanji*" to win and end the game.

3. Monkeys tore apart the kitchen. Then, a monsoon came.

4. A rhinoceros stampede came through the living room. Also, a python wrapped itself around the fireplace.

过渡词练习的差异化教学

对于那些对使用过渡词有困难的学生,你可以提供一个可能用到的过渡词词库,或者明确告诉他们需要使用哪种类型的过渡词,并指导他们参考附录C"过渡词/词组"。

> ⚠️ **注意**
>
> 你可能会发现学生在过渡词后面填写的不是一个完整句而是一个残缺句。如果出现这种情况,提醒学生遮住过渡词,看过渡词后面的句子能否独立成句。

同位语:名词的另一种表达

> **为什么要练习同位语?**
> - 提供创建主题句和结论句的另一种策略。
> - 让学生熟悉一种在书面文章中常见但在口语中不常听到的表达形式。
> - 帮助学生变换句子结构。
> - 使学生能够在句子中添加更多信息,增加句子表达的丰富性。
> - 强化学科知识和词汇知识。
> - 检查学生理解程度。
> - 鼓励学生细读。

同位语(Appositive)是一种特殊的语法结构,由一个名词或相当于名词的短语或从句组成,位于另一个名词旁边,对其进行更详细的解释。例如:

✓ *One World Trade Center, the tallest building in New York City, is also known as the Freedom Tower.*

在这个例子中,"the tallest building in New York City"就是一个同位语。同位语通常位于它所描述的名词之后,正如前面的例子所示,但有时它也可以出现在名词之前:

✓ *The tallest building in New York City, One World Trade Center, is also known as the Freedom Tower.*

学生可能会认为理解同位语的概念有些困难。因为他们可能会将同位语与关系从句（Relative Clauses）混淆，关系从句通常以who、that、which、where或when开头，并包含一个动词——这种结构在口语中更为常见。例如：

✗ *One World Trade Center, which is the tallest building in New York City, is also known as the Freedom Tower.*

告诉学生，大多数同位语以a、an或the开头，这可能会对他们有帮助。

为了帮助学生更容易地识别句子中的同位语，可以告诉他们删除或遮挡同位语不会影响整个句子的完整性。比如，即使我们在关于世界贸易中心的第一个例子中省略了短语"the tallest building in New York City"，它仍然是一个意思完整的句子：

One World Trade Center is also known as the Freedom Tower.

至于你的学生是否已经准备好学习同位语，就需要运用你的判断力了。根据我们的经验，在3年级期中或4年级之前，不用介绍同位语的概念。

在教同位语之前，一定要先向学生解释同位语的作用。例如，你可以说同位语：

- 总是紧挨着一个名词，用来解释或进一步描述这个名词；
- 可以进一步定义或描述一个人、地点或事物；
- 如果出现在句子中间，则需要用逗号隔开；
- 能够为读者提供更多信息，从而帮助学生创建更有效的主题句和结论句。

添加同位语是创建主题句和结论句的3种策略之一（参见图4.4）。

图4.4 创建主题句和结论句的3种策略

向学生介绍同位语时,可以按照以下步骤进行:

1. 识别同位语。

2. 匹配同位语。

3. 填写同位语。

4. 头脑风暴收集同位语。

5. 给定同位语后完成句子。

6. 给定主题完成包含同位语的句子。

1. 识别同位语

为了帮助学生识别同位语,你可以提供一些包含同位语的例句,并让他们在句子中画出同位语。记住,在这些练习中,同位语不要包含动词。

> **要求:** 请在以下句子中画出同位语。
>
> Louis XIV, **an absolute monarch of France**, built the Palace of Versailles as a symbol of royal power.

2.匹配同位语

你可以根据班级正在学习的内容设计一个同位语匹配练习。例如,如果学生正在阅读《献给阿尔吉侬的花束》(*Flowers for Algernon*),你可以在一侧列出主要人物,在另一侧列出描述这些人物的名词短语,但要打乱顺序。

> **要求:** 请将每个名词与其最恰当的同位语进行匹配。
>
> 1. _b_ Alice Kinnian   a. a white mouse
> 2. _e_ Dr. Strauss   b. Charlie's teacher
> 3. _d_ Burt Seldon   c. a professor of psychology
> 4. _a_ Algernon   d. a graduate student
> 5. _c_ Dr. Nemur   e. a neurosurgeon

3.填写同位语

接下来,你可以让学生在你提供的句子中填入合适的同位语。对于无法独立插入同位语的学生,你可以提供一份词汇表帮助他们挑选合适的词汇。

如果你的学生已经阅读了《阳光下的葡萄干》(*A Raisin in the Sun*),那么你可以提供以下练习。

要求：请使用同位语完成以下句子。

1. Beneatha thinks George Murchison, <u>a wealthy classmate</u>, is not marriage material.

2. Ruth, <u>Travis's mother</u>, wants her son to be independent and responsible.

3. Beneatha met Asagai, <u>a student from Nigeria</u>, on her college campus.

4. Asagai brings Beneatha a gift, <u>robes from Nigeria.</u>

4.头脑风暴收集同位语

鼓励学生为特定主题提出可能的同位语。

要求：请头脑风暴，为给定主题想出同位语。

主题：Marie Curie

a famous physicist

winner of the Nobel Prize

a renowned chemist

a Polish scientist

an inventor

the scientist who discovered radium

5. 给定同位语完成句子

提供一个与你正在教授内容相关的同位语,让学生围绕这个同位语写一个句子。

> **要求:** 请使用给定的同位语完成句子。
>
> a Greek city-state
>
> Athens, a Greek city-state, valued education and democracy.
>
> a great philosopher
>
> Socrates, a Greek philosopher, created a method of questioning.
>
> a series of contests
>
> The Olympics, a series of contests, were held in honor of the Greek gods.

6. 给定主题完成包含同位语的句子

> **要求:** 请为每个主题编写一个包含同位语的句子。
>
> natural selection
>
> Natural selection, a process of evolution, results in species with favorable traits.
>
> artificial selection
>
> Artificial selection, a process carried out by humans, is used to replicate favorable traits.

合多为一：句子合并

> **为何要练习句子合并？**
> - 教授语法和用法。
> - 鼓励学生创作更多的并列句和复合句。
> - 让学生了解不同的句式创作选择。
> - 让学生接触多样的写作结构，增强句法的灵活性。
> - 提升写作的流畅性。

句子合并练习是给学生一系列简短的陈述句，引导学生探索各种方法将这些句子合并成一个更长的并列句或复合句。大量研究证实，这是一种极其有效的语法教学方法。此外，通过这种练习，学生能够更好地掌握句法（Syntax），即单词在句子中的组合和排列方式。

学生在掌握了如何使用连词、同位语和从属连词后，就能够运用这些技巧探索句子合并的不同方法。同时，他们还能练习代词的使用。

为更好地向学生介绍句子合并，可以给他们一系列可以合并成一个更长、更复杂句子的简短陈述句。刚开始可以先提供两三个句子，随着学生技能不断提升再逐渐增加句子的数量。

例如，你可以给学生以下简短的句子：

Tania took the subway every day.

Tania did not like the subway.

Tania needed to get to work.

有多种方法可以将这些句子合并成一个更长的句子。例如，你可以把第二句作为开头，用一个从属连词来引导：

> *Although Tania did not like the subway, she took it every day because she needed to get to work.*

你也可以把第二句作为开头，使用基本连词将其与其他两句连接起来：

> *Tania didn't like the subway, but she took it every day because she needed to get to work.*

一旦学生掌握了句子合并的概念，你就可以将这一练习融入你的教学中。

一级水平教学示例

如果学生已经阅读了《四年级的老鼠》（*Fourth Grade Rats*），你可以设计以下句子合并练习：

要求： 请将下列句子合并为一个句子。

Joey stopped wearing tattoos.

Joey stopped acting like a rat.

Joey stopped wearing tattoos and acting like a rat.

二级水平教学示例

如果学生学过有关印度的两个古代文明，你可以提供以下句子合并练习：

> **要求：**请将下列句子合并为一个句子。
>
> Mohenjo-Daro and Harappa were twin cities.
>
> Mohenjo-Daro and Harappa used urban planning.
>
> The cities had a system of plumbing.
>
> <u>Mohenjo-Daro and Harappa were twin cities that used urban planning and had a system of plumbing.</u>

有时，学生可能不需要具备特定的知识就能进行句子合并练习。比如在前面的例子中，即使他们从未听说过Mohenjo-Daro和Harappa，也能将其合并为一个复杂的句子，因为他们已经在你提供的那些简单句中获得了必要信息。

句子合并不一定要求学生从长期记忆中检索信息，因此在强化和加深知识方面，它可能没有TWR方法中的其他练习那样效果明显。

但是，句子合并仍然值得学生去练习。在某些情况下，他们需要利用对主题的深刻理解实现对简单句的有效合并，同时，他们也能不断地强化自己的语法和句法知识。

通过句子练习教授语法和规范

正如TWR方法第5条原则所述，语法最好在写作的语境中教授。实际上，对于许多学生而言，句子练习可能是他们学习书面英语的语法和规范的唯一途径。句子练习是教授书面英语语法和规范的最有效工具。如果老师在学生开始写作段落和文章后才纠正他们的错误，那么众多的写作错误可能会让老师和学生都感到困惑和不知所措。

当然，我们并不期望学生能够立刻掌握所有书面英语的规则，但教师完全可以逐步地介绍基础知识。

假如你正在指导一级学生，你可能需要从最基本的规则开始，比如每个句子都要以大写字母开头并以句号结尾。随着学生技能的提升，你可以逐渐介绍问号和感叹号的用法。当他们掌握了这些基本规则后，你就可以开始教授有关专有名词大写的知识。

再比如，当你向学生介绍他们将遇到的第一个从属连词，如"before""after""if"和"when"时，要告诉他们逗号应该放在从属从句之后。例如：

After it stops raining, I'm going to take a walk.

除了给学生提供例句，你还需要确保他们在写作中能正确地使用逗号。

> ⚠️ **注意**
>
> 避免让一级学生接触过多复杂的语法术语。因为一级学生还在努力掌握拼写、句子结构和词汇选择的知识，如果再让他们尝试学习过多的术语可能会让他们感到困惑和有压力。学生可以在不学习这些术语的情况下，练习如何正确使用语法。
>
> 虽然TWR方法确实也会教授一些特定的语法术语，比如"同位语"，但这些术语作为TWR方法核心概念的一种简写形式，非常有效。比如，如果你想提出一种改变句子结构的具体方法，与其说"尝试添加描述名词的短语"，说"尝试添加同位语"会更直接明了。
>
> 而且，TWR方法并不是单纯为了教授语法术语而教。例如，TWR方法并不要求教授介词短语的概念，因为学生很可能会在不知不觉中自然地学会使用这种结构。

融入教学：将句子练习纳入日常教学

鉴于构造优质句子的能力是所有出色写作的基石，即使学生已经能够撰写段落和文章，也应该尽可能多地为他们提供练习写句子的机会。此外，句子练习可以有效促进学生对内容的理解和记忆。例如，如果学生已经学会了如何使用同位语，那么他们在学习新课程的时候使用同位语不仅可以复习语法概念，还可以理解和记忆新内容。

一旦老师和学生熟悉了本书提供的各种句子练习，你就会发现无论年级或学科，老师可以采用多种方法进行课堂练习。以下是一些能用到的方法。

在课堂开始时，你可以给学生一个小测验，复习之前教的内容。

Although Egyptians built the pyramids, _____.

在课程进行到一半时，你可以暂停一下，让学生针对目前所学的内容提出一个问题。

你也可以让两名学生一组完成"because-but-so"的练习。

Egyptians built pyramids, because _____.

Egyptians built pyramids, but _____.

Egyptians built pyramids, so _____.

在课程结束后，你可以让学生填写课堂总结，以此回顾课程中的重点内容。

Egyptians built pyramids. As a result, _____.

你还可以通过课堂小测验要求学生完成以下练习：

用以下同位语写一个句子：huge monuments in the Egyptian desert.

或写一个关于Egyptian pyramids的句子，要求包含同位语。

如果你将这些句子级练习融入日常教学中，这将成为学生写作段落和文章的有效工具，同时有助于促进他们对你所教授内容的理解。

总结

- 让学生熟悉4种基本句型：陈述句、祈使句、疑问句和感叹句，这有助于他们变换句式，是他们有效构建主题句和结论句的第一种策略。

- 鼓励学生针对文章或图片提出问题，这有助于学生深度阅读并加深其对内容的理解。

- 布置以"because""but"和"so"开头的句子练习，帮助学生进行批判性思考，并在写作和阅读中分别运用和理解更复杂的句子结构。

- 让学生使用从属连词（如"although""since"等）为开头进行句子练习，有助于他们熟悉书面语言中的句法结构以及扩展回答内容——这也是学生构建主题句和结论句的第二种策略。

- 引导学生练习使用各种类型的过渡词，帮助他们明确句子之间的联系，以创作出流畅的文章。

- 向学生介绍同位语的概念，有助于他们向读者提供更多信息——这也是学生构建有效主题句和结论句的第三种策略。

- 学生通过句子合并练习学习语法和句法规则，可以帮助他们运用不同的结构来创作并列句和复合句。

- 尽可能将句子练习融入你的日常教学中，以更好地检验学生的理解程度并加深他们对教学内容的理解。

讨论

1. 解释以下每种写作教学策略的优势：

- 句型
- 提出问题
- because-but-so
- 从属连词
- 过渡词
- 同位语
- 句子合并

2. 如何利用本章中的策略进行差异化教学？

3. 如何将语法与这些策略结合起来？

4. 使用3种句子策略（句型、从属连词和同位语）创建主题句和结论句，尝试使用你所授课程的主题。

5. 根据你的教学内容，为本章中介绍的每种句子策略创建一个练习。

第二部分

长篇写作

SECTION II

第 5 章

写作前计划：
确定作品的雏形

艾伦（Allen）老师是7年级的英语语言艺术（ELA）老师，她注意到了一个现象：每当她让学生根据写作任务撰写文章时，学生总会表现出一些特定的反应。

有些学生将头枕在桌子上，看起来在动笔前就已经放弃了。

也有一些学生在忙着完成任务，虽然这让艾伦老师心中有了一丝欣慰，然而，当她收回作业，看着作业中杂乱无章、难以理解的表达，失望难免再次席卷而来。

还有一个现象是泰勒的表现。泰勒平时性格温和，颇受欢迎，但当老师布置写作任务时，他就像变了一个人。他开始擅自离座，打扰其他同学，无视艾伦老师要求他坐下的指令。甚至有时，他干脆一直躲在洗手间，直到写作时间结束才返回。

最终，艾伦老师意识到泰勒不守规矩的行为只是表象。他在竭尽全力掩盖自己不会写作的事实。那些趴在桌子上的学生虽然在行为影响上没那么糟糕，但他们的内心感受是与泰勒相同的。而那些写了好几页让人看不懂的文章的学生呢？他们甚至没有意识到自己的文章杂乱无章。

艾伦老师不禁疑惑，学生怎么到了7年级还不清楚如何写一段话，更不用说一篇完整的文章了。所有人都以为他们肯定已经掌握了这些技能。但实际上他们并没有，他们也会因此感到自己很失败——而对于像泰勒这样的孩子来说，这种挫败感可能会导致他们出现出格的行为。

第 5 章　写作前计划：确定作品的雏形

像艾伦老师班上的学生，如果有人教他们在开始写作前先进行细致的计划，他们是能够学会写出像样段落和文章的。

就像你在开始公路旅行、尝试新菜谱、设计橄榄球战术或承担任何复杂的多步骤任务时一样——你需要先制定一个计划。少了这一步骤，你努力的结果好一点可能只是令人失望，最坏的情况则是彻底失败。然而，在我们教学生以段落和文章等更长篇的形式写作时，我们通常没有帮助他们构思一个计划来创作一篇合格的文章。

有些人认为，计划会限制学生的创造力。恰恰相反，我们发现，教导学生如何计划实际上可以增强他们的创造力。如果学生按照计划进行，他们就不必在写作过程中分心去弄清楚文章的整体结构。这样，他们才能有更多的思维空间去构思生动的场景或相关的细节。

确实，有些作家喜欢以自由写作作为他们写作过程的第一步，任由自己的思绪带着他们走。但这种方法对大多数学生来说并不适用，这至少有两个原因。第一，大多数学生并不是经验丰富的作家。他们可能还在探索小到如何正确使用标点符号、选择恰当的词汇，大到如何组织文章的整体结构等各种问题。如果要求学生在没有提纲的情况下完成一篇较长的文章，那么他们需要同时处理所有这些任务。正如我们在第1章中解释的，这会令学生感到不知所措。

第二，自由写作的起草方法更适合那些相对自由的体裁形式，如回忆录、诗歌、戏剧、小说等。我们大多数人在大学或工作时并不会进行这些体裁的写作，我们要做的几乎都是解释、告知、论证、列举、总结和描述等说明性写作（有关说明性写作术语的完整清单参见附录A）。

即使是经验丰富的作家也认为，如果想要实现有效的表达，提前做好计划是不可或缺的。相较于那些需要更多创造力的写作形式，说明文、议论文和分析性写作需要作者在动笔之前就明确自己的终极目标，并设计一条清晰、逻辑严密的路径，引导读者顺利抵达目的地。

正如一本经典的写作手册所提到的："计划是写作不可或缺的前奏。因此，写作的首要原则在于预见或明确将要表达的内容，并努力实现这一目标。"

简而言之，如果你希望你的学生能够从写出有效的句子过渡到写出连贯的段落——并最终能够撰写出完整的文章，那么你需要教他们运用我们在第6章和第9章中介绍的线性提纲技巧，在写作之前先进行计划。与我们将在第7章中讨论的修改过程一样——计划和列提纲是写作过程中经常被忽视的重要阶段，我们需要付出更多的教学时间和关注。

减轻认知负担：为什么计划至关重要

为什么说学生在写作前进行计划至关重要？这在很大程度上与写作所需的执行功能（Executive Functions）密切相关。执行功能是一组认知过程，它们能协助我们计划、监控并最终达成目标。这些功能主要集中在大脑的前额叶皮层，能够帮助我们完成一系列对优秀写作至关重要的动作。与执行功能相关的能力从儿童早期便开始发展，能持续成长直到大约25岁达到成熟。这意味着从幼儿园到12年级的学生执行功能几乎都仍在发展中。

在布置写作任务时，老师需要敏锐地意识到写作任务对学生执行功能的要求，尤其是对工作记忆的需求。执行能力有助于作者：

- **制定策略**。对于初学写作或写作经验较少的学生而言，主题应由老师选定。在选择主题之前要能预见可能产生的结果。主题不能过于狭窄，否则可写的内容就太少；也不能过于宽泛，否则学生需要有很强的能力以区分关键信息和非关键信息。

- **发起行动**。一旦主题选定，学生需要寻找文本证据来支撑主题句或论点。

- **列提纲**。学生必须先制定一个提纲，为呈现大量信息、解释或论点提供清晰的路线图。学生在通过创建提纲进行计划时，会释放更多的认知资源，有了这些认知资源，他们就能够投入自我监控和进行必要修改等任务中。
- **组织**。学生需要根据不同的写作类型来组织提纲中信息的排列顺序，无论是叙述性文章、议论性文章，还是对两个或多个不同事物的比较分析。
- **抵制干扰**。在典型的教室和家庭环境中，潜在的干扰无处不在。而在现代社会，屏幕遍布、互联网无孔不入，这似乎使得学生的注意力持续时间比以往任何时候都要短暂。
- **保持努力**。学生必须具备持续专注于手头写作任务所需的毅力。
- **自我监控**。在处理草稿时，学生需要不断地评估自己的工作，确保自己是按计划进行的。他们必须能够识别出哪些信息是非必要的、哪些是次要的，以及哪些是必不可少的。
- **进行必要的修改**。虽然学生可以在创建提纲时进行修改，但大多数情况下，在撰写或修改草稿的过程中还会进行进一步的调整。修改可能包括重新梳理整个思路链条，也包括进行一些细微调整，比如挑选更贴切的词汇、调整句子构造或者加入过渡词等。

执行功能的一个关键组成部分是工作记忆。工作记忆是我们意识中尝试理解新信息的部分。正如我们在第2章中讨论的，写作对工作记忆提出了很高的要求——科学家称之为认知负荷。面对不同的主题，即使是造句也会给缺乏经验的作者带来沉重的认知负荷。哪怕学生已经掌握了良好的句子级写作技能，长篇写作也会增加这种负荷。但现实是，无论处于什么年级，那些仍在努力学习写作基础的学生经常被要求写整段文字，甚至是整篇文章。

需要老师们注意的是，执行功能可能会受到注意力缺陷障碍和压力带来的不良影响。这种压力可能由许多因素引起,几乎所有学生都会在某种程度上承担着压力。其中,那些最可能受到执行功能障碍影响的学生包括:有语言和学习障碍的学生、正在学习英语的学生,以及长期处于压力环境中的学生(比如贫困生)。面对巨大的成功压力或经历过失败的学生,同样可能感受到沉重的压力。

然而,写作——尤其是长篇写作——又是如此复杂的练习,几乎所有学生在写作时都会经历某种程度的压力。这正是为什么对他们来说,在开始长篇写作之前制定一个清晰的书面计划尤其重要。写作前制定计划能减轻学生在进行长篇写作时给工作记忆带来的部分负担。

> **教师小贴士**
>
> 即便学生已经掌握了本书所描述的各种句子级技能,他们也可以而且仍应该以全班为单位进行计划制定和段落提纲练习。在老师的引导下,即使是没有经验的学生也能从提纲中学习到很多,包括对主题的理解以及如何有逻辑地组织想法。但是在学生掌握必要的句子级技能之前,不要苛求他们独立完成长篇文章的提纲、起草和修改。

确定主题、读者和目的

学生在开始制定一个段落或一篇文章的计划前,还需要理解3个关键要素:写作的主题、交流的读者对象,以及写作目的。大多数学生很难自行识别这些要素,所以在最开始需要老师引导他们在课堂上进行讨论。

选择主题

最理想的主题既是核心课程的一部分又能为学生所熟悉。

有的情况下，老师会要求学生参加一个独立的写作课程，但又很少提供关于写作主题的信息。这样是不对的，因为你不可能写好一个自己几乎不了解的主题。

还有些情况下，学生也经常被要求写关于他们的个人经历或观点的文章。例如，一篇关于学校食堂是否应该提供巧克力牛奶的文章。尽管学生可能具备相关知识，但这一主题没有什么营养，会让学生错失利用写作来建立和加深知识的机会。

即便主题是从核心课程中选取的，在开始制定计划之前，确认学生是否对主题有足够的背景知识也是至关重要的。如果学生需要更多信息，他们可以通过课堂讨论来获取信息，或帮助他们确定获取信息的最佳来源。学生制定的写作计划应建立在扎实的知识基础之上。然而，在这一过程中，他们可能会意识到自己的知识盲区，这时就需要抓住机会，及时补充和完善这些不足之处。

确定读者

对于许多学生而言，写作中更具挑战性的一个方面是站在目标读者的角度考虑问题。他们可能无法预测读者的需求或兴趣，也难以据此调整自己的写作内容。例如，一段介绍华盛顿特区的文字，面向初次到访的游客与面向当地居民的内容是大相径庭的。

当然，在课堂环境中，学生写作内容的主要读者是老师，也就是你。理想情况下，你对主题的了解和你的学生差不多。但需要提醒学生的是，在某些情况下，他们需要根据目标读者的类型调整写作的结构、事实、择词和论点。即使你可能对他们的写作主题很了解，学生仍需要学习如何为其他不熟悉这个主题的读者写作，这一点至关重要。

例如，可以让高年级的学生想象他们正在为3年级的小学生撰写关于气候变化的文章，然后让他们想象自己就同一个主题为气候变化怀疑论者再写一篇文章。学生会选择不同的表达方式吗？相对于某一个群体，他们是否需要为另一个群体提供更多的解释？他们会提出不同的观点吗？

目标读者也将决定作者采用的语气。与一般人相比，与很熟悉的人交谈时，你的语气很可能会有所不同。图5.1左侧是我在匆忙出门时写给我丈夫的便条，右侧是我写给和我们住在一起的朋友的便条。

图5.1　给我丈夫的便条和给我朋友的便条

在大多数情况下，学生在写作时应采用相对正式的态度，因为未来无论是在大学还是职场都要求措辞尽可能正式。

有时候写作题目要求和考试题目可能没有指明具体的读者对象。在这种情况下，学生通常应该假设读者对主题不太了解。

有时，写作题目要求本身会定义学生需要提供的信息量。如果题目要求是"Summarize the plot of *Animal Farm*",学生就需要假设读者对它一无所知,然后讲述整个情节的关键点。另外,如果题目要求是"Analyze Squealer's role on the farm",学生则应只专注于小说的这一特定方面。

理解目的

学生的写作目标是说服读者接受某个观点,还是仅仅叙述一系列事件?一篇文章的写作目的会影响学生在计划写作时做出的许多决策。与描述情况、地点或人物的段落不同,旨在说服读者的段落通常会有一个主题句。同样,一篇具有说服力的文章往往以行动号召作为结尾,而非仅仅对内容简单总结。

作者也会根据写作目的采用多种方式组织文章的细节。如果他们写一系列事件或一个过程,那么按时间顺序叙述是合理的。如果他们的目标是说服读者接受某个特定观点,则可以从较弱的论点开始,逐渐过渡到最有力的论点。

在为学生设计写作题目或提出问题时,所使用的语言要能够明确传达我们希望他们达到的写作目标。因此,我们需要让学生熟悉各种说明性术语及其含义(详见附录A)。例如,如果你要求他们"justify"(证明)某件事,这意味着他们要写的应该是议论文。如果你正在教授二级学生,那么你可以使用以下说明性术语来帮助学生确定写作目的:

Contrast the candidate's positions with those of his opponent.

Summarize the plot of *The Scarlet Letter*.

Discuss the symbolism in the setting of *Lord of the Flies*.

Analyze the relationship between Finny and Gene in *A Separate Peace*.

即使是较低年级的一级学生也可以学习一些说明性术语。例如:

Explain why Mr. Falker was a good teacher.

Discuss why the disappearance of sea ice is affecting penguins.

Describe the garden where Mary meets Ben.

Summarize Chapter 2.

写作目的指南：3类写作风格

确定一篇文章的写作目的对于决定段落或整篇文章的语气和组织结构至关重要。

为了帮助学生明确写作目的，TWR方法强调了3种类型的写作：说明文、记叙文和议论文。虽然在现实世界中，一篇文章通常融合了不止一种写作类型，但在初次学习长篇写作时，学生应该只专注于练习某一种类型。随着他们逐渐掌握所有类型的写作，学生便可以像经验丰富的作家那样尝试融会贯通。

说明文

英语、社会研究和科学课程的写作体裁一般是说明文。因此，大部分写作指导应该着重于教学生如何有效地进行说明文写作。

说明文写作主要包括以下几个方面：

- 提出问题并提供解决方案；
- 分析因果关系；
- 提供描述或给出指导；
- 比较和对比两个概念、事件或人物，并根据事实得出结论。

"比较和对比"类文章对许多学生来说可能是一个挑战，因此在布置这类写作任务时，要格外注意。编写一个融合两种观点的段落对他们来说更是难上加难。

记叙文

记叙文通过时间或逻辑顺序来叙述一个过程、传记或事件，通常采用表示时间或顺序的过渡词来组织，如"first""next""then""later"和"finally"（参见附录C"过渡词/词组"）。一般来说，记叙文可以采用第一人称（事件参与者）或第三人称（事件观察者）来撰写。

霍克曼方法并不关注虚构故事或个人经历的记叙文写作。相反，我们所探讨的记叙文类型涉及总结英语课堂上的故事、阐释解决数学问题的步骤、记录科学实验的流程、罗列传记中的关键节点，或是探究社会研究中历史事件的成因。

观点写作和议论文写作

有关观点写作和议论文写作的详细讨论见第10章，这里仅作简要介绍。观点写作作业通常是布置给小学生的，其旨在改变读者的想法或感受，而不需要提供证据或考虑相反的观点。相比之下，议论文写作则需要呈现问题的多个方面，依赖逻辑推理，并收集支持观点的证据和理由。结论部分通常是作者号召读者采取的行动或作者持有的观点。

教育专家认为议论文写作是最具挑战性、认知要求最高的写作形式之一。随着学生写作经验的不断提升，你可以要求他们用证据来支持自己的主张，并权衡各方面的利弊。或许最大的挑战在于，他们不仅要能够准确地表达一个自己可能都不认同的观点，还要能够站在对立面，向读者展示这一立场的合理性。

大多数议论文作业会布置给中学生和高中生。老师可能会要求学生评价某个作者的写作技巧或评估某个历史事件的重要性。尽管如此，大多数地区的写作标准鼓励学生从小学低年级就开始尝试撰写"观点短文"，因此在中学之前引入这种写作指导是非常有益的。

然而，对于年幼的孩子而言，将个人观点融入课程内容并撰写议论文作业会比较难。必要的情况下，你需要布置一些课外主题作业，比如关于"周末作业"的观点短文。但是，如果学校的课程内容丰富，尤其是包含丰富的历史主题，那么让学生参与基于课程内容的观点写作也是完全可行的。

在学生开始为观点写作（或议论文）段落或文章撰写提纲之前，建议先让他们就相关主题进行课堂讨论。参与课堂讨论或辩论有助于学生明确和细化自己的观点，从而构建出具有说服性的论点。

总结

- 长篇写作对执行功能和工作记忆等认知领域的要求比较高。
- 在学生开始写作前计划之前，他们需要确定写作的主题、目标读者和写作目的。
- 鼓励学生为不同的读者群体写作，提醒他们可能要调整主题、语气和措辞。
- 随着学生逐渐掌握句子级技能，他们可以开始学习如何列提纲、起草和修改文章，但起初应以全班集体练习的形式进行。
- 向学生解释说明性术语（如"enumerate"和"justify"）的含义，以帮助他们理解作业或写作题目。
- 布置3种类型的写作作业：说明文、记叙文和议论文（观点写作）。

讨论

1. 你如何鼓励或指导学生进行写作前计划？

2. 为什么学生在撰写草稿之前应该先列出提纲？

3. 执行功能如何影响写作？

4. 描述学生在写作前应该考虑的3个要素。

5. 描述3种写作类型。

第 6 章

简单的线性指南：
单段落提纲

学期过半，陈老师的焦虑感日益增加。她的学生已经10年级了，但他们在对写作任务作出简短连贯的书面回答方面仍然存在困难。当她要求他们在答案中加入论据或分析时，情况更为糟糕。

陈老师觉得自己已经尝试了一切可能的方法。她将写作过程分解成不同部分，引导学生做阅读笔记，并使用便利贴或索引卡来记录他们计划使用的论据。此外，她还让学生创建思维导图以组织思路。学生似乎从这些方法中获得了一些很棒的想法。

然而，当她收到最终的作业时，她失望地发现学生大多只是堆砌了未经消化的信息，几乎没有进行深入分析。而且几乎看不到一个段落——甚至是任何看上去像一个段落的结构——有清晰的主题句。句子之间缺乏逻辑顺序，学生经常偏离主题。她也尝试过其他类型的图形组织工具——如维恩图和网状图——但似乎都无济于事。

有时，陈老师甚至会怀疑，她为搭建写作过程的支架所做的努力是否反而让事情变得更糟。许多学生觉得大量的便利贴和思维导图中的那些气泡，与其说提供了帮助，不如说更令人困惑。对此，她已经想不出还有什么方法可以帮助学生用清晰、连贯的段落来表达自己的观点了。如果缺失了这项基本技能，她怎么能放心让他们步入11年级呢？

第6章 简单的线性指南：单段落提纲

思维导图、维恩图和气泡图等图形组织工具在头脑风暴、词汇教学以及帮助学生掌握某些概念时可能非常有用。然而，它们并没有提供任何有效的框架以将这些想法转化为一篇连贯的文章。这些方法忽略了一个至关重要的环节：从气泡图、网络图或方框中提炼关键信息，辨识哪些内容最重要，哪些相对次要或无关紧要，以及如何将这些观点和想法按照逻辑顺序进行排列。

有些老师或许已经尝试过哈佛写作大纲，这种方法涵盖了核心观点、辅助观点、次级辅助观点，并采用罗马数字与大小写字母来区分各层级。虽然哈佛大纲具有线性结构的优势，也是一个很好的学习指南，但我们发现想把哈佛大纲转化为段落或文章并不容易。与自由形式的气泡图不同，哈佛大纲要求学生具备高度的分类和整理能力，这可能会让学生在写作计划过程中感到迷茫和困难。即使学生确实能完成这样一个详细的提纲，但将复杂的结构转化为流畅的书面文章，对他们来说可能仍是一大挑战。

陈老师没有意识到，在要求学生写作之前，她需要帮助他们完成构建简单提纲的过程。如果她这样做了，她就会发现学生的段落将变得清晰和连贯得多。

老师在要求学生，尤其是高年级学生，撰写多段落文章时可能会倍感压力。但是，对老师来说，先教学生如何概述和撰写一个连贯的段落是一笔重要的时间和精力投资。一项针对7年级和8年级学生的研究发现，使用《写作革命》一书中的单段落提纲的学生，写作成绩显著优于那些使用思维导图或完全不使用规划工具的学生。特别是那些既使用提纲又接受了有效指导的学生，他们的写作得分最高。学生对使用写作提纲的反馈也非常积极。在采用提纲的学生群体中，高达85%的受访者表示，提纲让他们的写作变得更容易了。

掌握单段落练习中的基本文章结构，例如问题/解决方案和原因/结果，有助于学生在未来计划和撰写文章时灵活运用。学生在掌握了本书所介绍的提纲技巧后,无论是在需要书面回答的考试中,还是在独立构思文章时,他们都能轻松地在草稿纸上复现这种提纲。

但需要注意的是,学生在学习列提纲和起草段落的同时,仍应继续进行句子级练习。你不必等到学生"完全掌握"了句子级策略之后,再向他们介绍单段落提纲。上述练习可以并且应该同步进行。

术语定义

段落(Paragraph)是一系列句子的集合,这些句子共同支持一个特定的观点。一个结构良好的段落通常具备以下特点:

- 结构。段落中句子的排列顺序易于读者理解。
- 连贯性。句子之间通过过渡词以符合逻辑的形式组合在一起,过渡词能够表明句子之间的关系,比如转折或强调。
- 统一性。每个句子都紧密围绕段落的中心思想。
- 良好的句子结构。句子的语法正确无误、表达清晰,并且在类型和结构上呈现出多样性(使用简单句、并列句和复合句)。

指导学生创建有效的提纲

为什么要练习制定单段落提纲(SPO)?
- 提供合理的结构(开头、中间和结尾)。
- 避免重复。

- 紧扣主题。
- 使学生能够区分重要信息和次要信息。
- 指导学生按逻辑顺序表述想法。
- 提高学生的分析性思维能力。
- 提供学生可以轻松复制使用的模板。
- 与草稿相比,单段落提纲更容易修改。
- 降低长篇写作带来的认知负荷。
- 强化内容知识。

下面提供了一个空白的单段落提纲模板(关于该模板的完整版本见附录F):

T. S. _____

1. ....
2. ....
3. ....
4. ....

C. S. _____

简洁线性的单段落提纲格式能让所有学生获益。

模板中的实线表示学生需要将主题句(Topic Sentences,即 T. S.)和结论句(Concluding Sentences,即 C. S.)补充完整;虚线表示学生需要记录支持性细节。

下面是一个学生完成的单段落提纲示例——最下方的段落是该学生根据这个示例提纲写出来的。

T. S.　Bees, the Earth's best pollinators, are at risk of extinction.

1. several species/endangered
2. ex. rusty patch bumble bee. HI yellow-faced bee/EDA
3. human factors → ↓ bee pop.
4. species cont. die → neg agriculture + ecosyst

C. S.　Therefore, saving bee populations is crucial for the environment

---

　　Bees, the Earth's best pollinators, are at risk of extinction. Several species are listed as endangered. For example, the rusty-patched bumble bee and seven varieties of the Hawaiian yellow-faced bee have been classified as endangered under the Endangered Species Act. Human factors like pesticides and habitat loss are causing a major decline in bee populations. If bee species continue to die, there will be negative effects on our agriculture and ecosystems. Therefore, saving bee populations is crucial for sustaining the environment.

本章为你提供了一系列策略和练习，帮助你指导学生独立创建提纲和撰

写段落。

单段落提纲支架练习

单段落提纲支架练习的目标是让学生能够独立制作提纲。但学生需要先掌握必要的基础技能，直接给他们一个空白的单段落提纲是无法达到这一目标的。

在学生能够独立构建段落提纲之前，他们首先需要完成构建段落提纲的前期步骤：撰写主题句，收集相关细节信息并合理排列，以及巧妙地设计一个有力的结论句。

主题句应能明确表达段落的中心思想。要确保学生理解，段落中的句子需要提供与主题句所阐述的大致思想紧密相关的细节。

在向学生示范如何为细节句做笔记时，记得不要在虚线上写完整句。一般来说，一级学生在独立创建单段落提纲时，只使用关键词和短语做笔记就可以，高年级或经验更丰富的学生可以使用符号和缩写（参见附录B）。

在教授学生通过记笔记来记录细节时，要让他们明白，这些笔记并不一定对应一个特定的句子。也就是说，写在同一条虚线上的例子或引文，可以扩展成不止一个句子。

结论句并非主题句的简单复述，但应重述段落的中心思想。或者，根据段落的类型，结论句可以表达一个观点或发出一个行动号召。

撰写主题句和结论句要求学生考虑一系列事实和信息，识别它们之间的共同点，也就是培养概括能力。以下练习能够帮助学生识别、创作主题句及结论句。创建了有效的主题句后，构建结论句往往就会容易一点。

单段落提纲支架练习的顺序

1. 全班一起创建一个单段落提纲。

> **为什么要练习撰写主题句和结论句？**
> - 培养学生概括的能力。
> - 提高学生的分析性思维能力。
> - 帮助学生识别关键信息和概念。
> - 强化学科知识和词汇知识。

2. 从细节中区分出主题句。

3. 确定主题句并对细节进行排序。

4. 给定主题句，从清单中选择相关的细节。

5. 从清单或单段落提纲中删除不相关的细节。

6. 给定主题句，生成细节。

7. 练习写主题句和结论句的3种策略。

8. 给定主题/题目，生成主题句。

9. 给定细节，生成主题句。

10. 给定主题句和细节，生成结论句。

11. 给定主题/题目，独立构建单段落提纲。

1. 全班一起创建一个单段落提纲

在要求学生独立撰写单段落提纲之前，教师应该先引导他们练习创建提纲的步骤。最好是先完整演示整个过程，这样学生就能清楚自己的目标。对于一级学生，示范单段落提纲时，可以选择那些不太复杂或者不需要查找新信息的主题。

如果班上的大多数学生已经掌握了足够的相关信息，并且能够帮助生成主题句、结论句和细节，那么二级学生就可以开始学习如何根据当前的课程主题来构建单段落提纲。

与全班一起制定单段落提纲有两种方法。一种方法，如下所示，让学生提出一个主题句，然后描述一系列与之相关的细节，可能还会按照时间顺序进行排列。

一级水平记叙文示例

T. S. Try growing bean plants at home.

First 1. holes in bottom of container

Next 2. put soil in and dig holes

Then 3. put seeds in and cover

Finally 4. water every day

C. S. It is exciting to watch seeds grow into plants!

Try growing bean plants at home. First, you should put holes in the bottom of a container. Next, put soil in it and dig holes. Then, you put seeds in the holes and cover them with soil. Finally, be sure to water your plants every day. It is exciting to watch your seeds grow into plants!

二级水平记叙文示例

T. S. It is easy to find the pH balance of a liquid.

First 1. clean container
Next 2. fill w/ few in. of liquid
Then 3. dip test strip/few sec.
Finally 4. compare color/litmus scale

C. S. If you follow these simple steps, you can determine if a liquid is acidic, neutral, or alkaline.

It is easy to find the pH balance of a liquid. First, thoroughly clean the container you are using. Next, fill the container with a few inches of the liquid you are testing. Then, dip the test strip in the liquid for a few seconds. Finally, compare the color you see to the litmus scale. If you follow these simple steps, you can determine if a liquid is acidic, neutral, or alkaline.

制定单段落提纲的第二种方法是头脑风暴。你可以采取以下步骤：

a. 确定主题、读者和写作目的。

b. 让学生围绕一个主题进行头脑风暴，想出10到15个细节，并将其分类。

c. 运用TWR方法的3种策略之一（句型、从属连词、同位语），在提纲顶部的实线上构思一个主题句。根据情况，这一步可在头脑风暴之前完成。

对于二级学生，可以引入所有3种策略：句型、从属连词和同位语。而对于一级学生，建议从句型开始，然后逐步引入3个基本的从属连词：before、after、if。

d. 选择、分类并排序细节，并以笔记的形式将它们记录在虚线上。（关于TWR方法中的笔记技巧的更多讨论，请参阅第3章。）请注意，并非所有头脑风暴中的想法都需要出现在单段落提纲中。

e. 运用TWR方法的3种策略之一（句型、从属连词、同位语），在提纲底部的实线上构思一个结论句。可以在结论句的开头使用结论性过渡词。

一级水平头脑风暴教学示例

主题: Winter

soup   cold + icy   sweaters
New Year's Eve   coats and scarves   ice-skate, ski, sled
hot chocolate   holiday foods   lip balm
cozy blankets   boots   make a snowman
hats + gloves   cloudy   snowy

T. S. Winter is a unique time of year.

　　1. cold, snowy, cloudy days

　　2. coats, sweaters, hats, gloves

　　3. hot chocolate, soup, holiday foods

　　4. skiing, sledding, making a snowman

C. S. Clearly, winter is an exciting season!

二级水平头脑风暴教学示例

主题: Achievements of Aztecs

herbal treatments → cure diseases

1st. civ/dev edu syst → all children attended

adv. calendar → improved farming

adv. math syst → used area for construction

built pyramids/temples for ceremonies

built chinampas = floating gardens → crops ↑

T. S. The Aztecs, a Mesoamerican civilization, had many outstanding achievements.

    1. adv. math system → used area for construction

    2. 1st civ. /dev edu system → all children attended

    3. built pyramids/temples for ceremonies

    4. built chinampas = floating gardens → crops ↑

C. S. The contributions of the Aztecs had a great impact on subsequent civilizations.

学生已经对最终成果有了清晰的认识，现在可以向他们介绍创建单段落提纲的具体步骤了。每个步骤都极其重要，可以帮助学生进行更有效的分析性思考，更有效地捕捉重点，并提高他们的记笔记技巧。此外，在学生能够独立操作之前，每个步骤都需要老师的支持引导，比如示范以及口头和合作练习等。

学生掌握了这些步骤，不仅能具备独立构建单段落提纲的能力，还能掌握长篇写作前计划所需的大部分技能。

2. 从细节中区分出主题句

为帮助学生更好地理解主题句的概念，可以向他们展示三个或更多的句子，要求他们从中识别出主题句和细节句。你可以先给出三个句子，引导学生用T.S.标记主题句，用D标记细节句。

比如，如果学生已经阅读过《尼尔森老师不见了！》(*Miss Nelson Is Missing!*)，你可以设计以下练习。

一级水平教学示例

要求：使用T.S.标记主题句，使用D标记细节句。

D	Students had to do lots of homework.
T. S.	Ms. Swamp was a very strict teacher.
D	She cancelled story hour.

下一个例子涉及中世纪的欧洲。

二级水平教学示例

> **要求**：使用T.S.标记主题句，使用D标记细节句。
>
> __D__ Art and literature began to reflect the times by including themes of death.
>
> __D__ Many landowners were ruined financially due to a lack of laborers to cultivate the land.
>
> __T. S.__ The Bubonic Plague, a dreadful disease, had a significant impact in Europe.
>
> __D__ One third of Europe's population, 25 million people, died.
>
> __D__ Since many laborers died, many families lost their means of survival.

3. 确定主题句并对细节进行排序

如果要提升挑战性，你可以给学生三到五个句子，要求他们首先确定主题句，然后将剩余的句子按照逻辑顺序排列。这项练习可以帮助学生理解如何在段落中对想法或事件进行排序。

在这项练习中，他们可以通过过渡词推测细节句的顺序。

一级水平教学示例

> **要求**：使用T. S. 识别主题句，并按正确顺序排列细节句的编号。
>
>   __2__   Then, the seed sprouts a plant with flowers.
>
> T. S.   The growth of a pumpkin is interesting.
>
>   __3__   Finally, the flowers disappear, and the pumpkin grows!
>
>   __1__   First, a seed is planted in the ground.

学过莫卧儿帝国的学生可以完成以下练习。

二级水平教学示例

> **要求**：使用T. S. 识别主题句，并按正确顺序排列细节句的编号。
>
>   __1__ Babur started the empire and removed the Delhi Sultanate.
>
>   __3__ Jahangir continued the policy of tolerance toward Hindus along with most of Akbar's policies.
>
>   __2__ After Babur, Akbar, the greatest Mughal Emperor, laid the foundation for many future leaders.
>
> T. S. There were many rulers of the Mughal Empire.
>
>   __4__ Shah Jahan also continued Akbar's policies and built the Taj Mahal.

4. 给定主题句，从清单中选择相关的细节

为学生提供两个不同的主题句和一个细节清单，让学生为每个细节找到其所属的主题句。

一级水平教学示例

要求：将每个细节写在相应的主题句下。

long lines　　　play games　　　buy souvenirs
lots of walking　　overcrowded　　water rides

T. S. Amusement parks are exciting.

1. play games

2. buy souvenirs

3. water rides

T. S. Amusement parks are exhausting.

1. long lines

2. lots of walking

3. overcrowded

二级水平教学示例

要求：将每个细节写在相应的主题句下。

occurs in 4 steps

1 diploid cell → 4 haploid cells

used to reprod. somatic cells

daughter cells clone = gen. identical

males make 4 sperm/females only 1 egg

crossing over during proph. 1 → genetically unique cells

seq. of 2 divisions

> 1 diploid cell → 2 diploid cells
>
> T. S. Mitosis, a step in the cell cycle, results in the division of the nucleus.
>
> 1. occurs in 4 steps
>
> 2. daughter cells clone = gen. identical
>
> 3. 1 diploid cell → 2 diploid cells
>
> 4. used to reprod. somatic cells
>
> T. S. Meiosis, a type of cell reproduction, is the process organisms use to make gametes, sperm, and eggs.
>
> 1. crossing over during proph. 1 → genetically unique cells
>
> 2. seq. of 2 divisions
>
> 3. 1 diploid cell → 4 haploid cells
>
> 4. males make 4 sperm/females only 1 egg

5. 从清单或单段落提纲中删除不相关的细节

有些学生难以区分相关细节和不相关细节，或者在写作时偏离主题。如果你的学生有这样的情况，让他们在清单中的主题句旁边做标记，比如写上T.S.，然后画掉与主题句关联性最小的细节句。

比如，假设学生已经读过《下雪天》(*The Snowy Day*)，你可以设计以下练习。

一级水平教学示例

要求： 识别主题句并画掉不相关的细节。

_____ He made a snowman.

T. S. Peter had a wonderful time on a snowy day.

_____ ~~Peter had a dream that the snow melted.~~

_____ He made snow angels.

二级水平教学示例

要求： 识别主题句并画掉不相关的细节。

_____ Then, subtract 15 from both sides of the equation.

_____ ~~There is only one variable in the equation.~~

_____ Divide both sides by 3 to solve for x.

T. S. Follow 3 steps to solve 3(x+5) = 45.

_____ Distribute the 3 inside the parentheses to get 3x + 15 = 45.

6. 给定主题句，生成细节

在这项练习中，你需要提供一个主题句，让学生在空白的单段落提纲模板上补充三到四个相关的细节。

对于一级学生，你可以从以下句子开始。

一级水平教学示例

> **要求：** 使用关键词和短语，根据给定的主题句写细节。
>
> T. S. Dogs are popular pets.
>
> 1. protective
>
> 2. loyal
>
> 3. playful

对于正在学习印加帝国历史的二级学生，你可以给他们以下句子。

二级水平教学示例

> **要求：** 使用关键词和短语，根据给定的主题句写细节。
>
> T. S. Although the Incan Empire was in power for less than one hundred years, parts of its culture lives on today.
>
> 1. Quechuan language
>
> 2. celebrate winter solstice
>
> 3. textile making
>
> 4. irrigation + architecture

7. 练习写主题句和结论句的3种策略

句子级练习有助于学生掌握创建主题句的策略。老师在首次解释如何将这些策略应用于主题句时，应提供学生熟悉的主题。

如果指导二级学生构建主题句，你可以向他们介绍所有3种策略（见图

6.1）。如果你面对的是一级学生，则只需要讨论前两种策略——句型和从属连词——并将从属连词限定为连词before、after和if。

图6.1　创建主题句和结论句的3种策略

· 使用句型。学生可以采用陈述句、疑问句、感叹句或（在某些情况下）祈使句。例如，一个关于华盛顿特区的主题句可能是：Have you ever been to Washington D.C.？请注意，虽然感叹句和祈使句对于学习写作的小学生来说可能有一定的帮助，但初中生和高中生通常不宜使用这些句式为主题句。

· 使用从属连词。一级学生可能会用从属连词（如before）来构造主题句。例如：Before you get a dog, you need to make preparations. 二级学生可能会使用更复杂的连词，如although。例如：Although the New Deal did not solve all of the nation's problems, it saved the United States from economic collapse.

· 使用同位语。关于纽约市的描述可以以"New York, the nation's largest city, is visited by many tourists."开头。关于成吉思汗的描述可以以"Genghis Khan, a powerful Mongol leader, created a large empire."开头。

引导学生运用这些策略，将平淡无奇的主题句转化为吸引人、信息丰富的主题句。这3种策略也可用于构建结论句，我们将在本章稍后详细讨论。

8.给定主题/题目,生成主题句

在学生练习使用3种策略来撰写主题句之后,可以给他们一个主题,要求他们为该主题创作两三个主题句。一级学生应只使用句型和从属连词before、after和if来撰写主题句。

如果你的学生在了解濒危物种,你可以给他们设计以下练习。

一级水平教学示例

> **要求:** 针对给定的主题,撰写两个主题句:一个使用句型策略,一个以从属连词开头。
>
> TOPIC: Endangered sea turtles
>
> Sentence Type(句型): Why are sea turtles endangered?
>
> Subordinating Conjunction(从属连词): Since sea turtles are endangered, steps must be taken to protect them.

二级水平教学示例

如果你的学生是二级学生,且在学习环境相关的内容,你可以给他们"climate change"这一主题,并要求他们使用3种策略(句型、从属连词和同位语)分别撰写3个主题句。他们可能会构思出以下句子。

> **要求**：针对给定的主题，撰写3个主题句：一个使用句型策略，一个以从属连词开头，一个包含同位语。
>
> TOPIC: Climate change
>
> Sentence Type（句型）: What is the leading cause of climate change?
>
> Subordinating Conjunction（从属连词）: Since climate change has rapidly worsened weather extremes, steps must be taken to reverse it.
>
> Appositive（同位语）: Climate change, a deviation from usual weather or temperature, has become an urgent problem.

9.给定细节，生成主题句

向学生提供一个缺少主题句的单段落提纲，其中细节以笔记形式呈现。二级学生的笔记中应包含关键词和短语、缩写和符号，一级学生的笔记应仅使用关键词和短语。这项练习要求学生能够整合细节，进而构思出一个能够将细节统一起来的主题句。

一级水平教学示例

如果你的学生是一级学生，且在学习蝴蝶的生命周期相关知识，那么你可以设计如下所示的单段落提纲，要求他们提供主题句。

> **要求**：根据以下细节撰写一个主题句。
>
> T. S. Penguins are endangered.
>
> 1. Emperors + Adélies dropped by 1/2 since 1980s
>
> 2. Antarctic sea ice not forming in winter
>
> 3. krill disappearing/need sea ice

学生可能会使用提供的细节示例——以及他们具备的有关所述时代的知识——来写主题句。

二级水平教学示例

> **要求**：根据以下细节撰写一个主题句。
>
> T. S. The Mayans were a complex Mesoamerican civilization.
>
> 1. present-day Mexico/Yucatan Peninsula
>
> 2. polytheistic/sun + moon + rain gods
>
> 3. accurate calendar + math + pyramids
>
> 4. possible drought + famine/disease

10. 给定主题句和细节，生成结论句

帮助学生构建有效的主题句的技巧也几乎完全适用于撰写结论句。不过结论句应该与主题句的思想相呼应，而不是简单地重复。

在某些类型的写作中，结论句应该引入一些新的内容，比如行动号召或个人意见。但是大多数情况下，结论句可以是对主题句的改写或总结。以下

是一些示例。

一级水平教学示例

要求： 根据以下主题句和细节写一个结论句。

T. S. What makes summer a special season?

1. warm weather

2. shorts and T-shirts

3. watermelon and ice cream cones

4. baseball, fishing, swimming

C. S. In conclusion, summer is an enjoyable time of year!

二级水平教学示例

要求： 根据以下主题句和细节写一个结论句。

T. S. The Renaissance was a time of tremendous advancements in many areas.

Art	1. Michaelangelo/DaVinci
Education	2. Gutenberg/printing press
Inventions	3. watches/microscope
Science	4. Copernicus/Galileo → astronomy

C. S. The 14th-17th centuries marked a time of major cultural change in Europe.

正如我们在第4章中讨论的，用一个合适的过渡词，例如finally或in conclusion来引导结论句也是一个实用的方法。

当然，主题句和结论句最好能不采用重复的结构。例如，如果主题句包含同位语，那么鼓励学生在构建结论句时使用从属连词或感叹句或其他不同结构。

11. 给定主题/题目，独立构建单段落提纲

如果你的学生正在阅读《漫步群星》(*Mae Among the Stars*)，那么你可以设计以下练习。

一级水平教学示例

> **要求：** 完成关于该主题的单段落提纲。
>
> TOPIC: Mae Jemison
>
> T. S. Mae Jemison dreamed of going to space.
>
> 1. read books about space
> 2. teacher suggested being nurse
> 3. followed dream
> 4. became astronaut
>
> C. S. Mae Jemison made her dream come true!

二级水平教学示例

> **要求：** 完成关于以下主题的单段落提纲。
>
> TOPIC: Spanish-American War
>
> T. S. The Spanish-American War of 1898 marked a turning point in both American and Spanish history.
>
> 1. Cuba wanted independence from Spain/US support
>
> 2. sinking USS Maine/Havana Harbor → tensions ↑
>
> 3. Apr 1898 US declared war on Spain
>
> 4. US victory/Dec 1898 Treaty of Paris → ended war
>
> C. S. The Spanish-American War led to the end of Spanish colonial rule and signaled the emergence of the United States as a global power.

单段落提纲：文本结构

单段落提纲能够帮助学生运用几乎所有文本结构。一个单段落提纲包括以下标准结构：

- 叙述
- 描述
- 问题/解决方案
- 原因/结果
- 正反论证
- 比较和对比
- 意见/说服

你可以按照前面章节中描述的步骤顺序,从中选择一个,向全班介绍如何针对不同的文本结构改编单段落提纲。如果学生对他们已经学习或正在学习的知识有足够的了解,你也可以将练习嵌入相关内容。

叙述

T. S. In 1912, the sinking of the Titanic, a luxury ship, was a disaster.

    1. built for safety/"unsinkable"

    2. speed/ignored signals → hit iceberg

    3. only 20 lifeboats/confusion

    4. 1500 died/most 1st & 2nd class survived

C. S. Many lessons were learned from this catastrophe.

描述

T. S. Sailing first class on the Titanic was an incredible experience for its millionaire passengers.

    1. cabins = 5 rooms

    2. several restaurants + lounges

    3. high speed telegraphs/elevator

    4. gym, pool, Turkish baths

C. S. The Titanic was the most luxurious passenger ship of its time.

问题/解决方案

> T. S. Even though Galileo invented the telescope, Newton and Herschel implemented many modifications that make it what it is today.
>
> | 问题 | 1. shape of lens/blurry images |
> | 解决方案 | 2. made longer → increased magnification 50-100x |
> | 问题 | 3. fuzzy images + rainbow colors |
> | 解决方案 | 4. used mirrors to prevent rainbow colors |
>
> C. S. The telescope, an optical instrument designed to make distant objects appear nearer, continues to help us study the sky today.

原因/结果

> T. S. As a result of France's purchase of Louisiana, major changes took place.
>
> | 原因 | 1. 1800/Napoleon = leader France/Spain returns to LA |
> | 结果 | 2. US alarmed/feared allies w/ Britain |
> | 原因 | 3. France @ war w/ GB/Nap needed $ → sold LA to US |
> | 结果 | 4. Westward Expans. /US doubled in size |
>
> C. S. The Louisiana Purchase, a critical event in U. S. history, strengthened and expanded the nation.

正反论证

> T. S. Although he was difficult to work with, Isaac Newton made important contributions to science.
> - 1. accusations of plagiarism
> - 2. paranoid about sharing work/sabotaged others
> + 3. 1687/published "Math Principles" → redemption
> + 4. achievements = gravity + calculus
>
> C. S. In summary, despite his flaws, Newton is remembered as a scientific genius.

比较和对比

> T. S. Frogs and toads, while similar in many ways, also exhibit distinct differences.
> 相同 1. amphibians/live near water
> 相同 2. lay eggs/undergo metamorphosis
> 不同 3. frogs = smooth + moist skin/prefer wetter environments
> 不同 4. toads = rough + dry skin/can tolerate drier habitats
>
> C. S. Although they have similarities as amphibians, frogs and toads differ in their physical appearance and habitats.

意见/说服

> T. S. Since the penny is no longer a useful denomination, it is time to get rid of it.
>
> 1. centuries of inflation → value of penny ↓
> 2. costs > penny to mint
> 3. penny = nuisance → slows down lines
> 4. nickel = lowest denomination → easier transactions
>
> C. S. Write to your congressional representative to get the penny retired!

将提纲转化为草稿

完成一个连贯的单段落提纲之后，学生就可以将这个提纲转化成草稿了。学生需要将虚线上的笔记扩展成完整的句子，并将这些句子添加到已经写好的主题句和结论句中。

学生将他们的单段落提纲转换成草稿后，由此生成的段落便会逻辑清晰、紧扣主题且不重复。然而，到这一步，文章可能还不足以吸引读者。为了让学生写作更加流畅，他们需要应用下一章介绍的修改技巧。修改技巧基于学生通过句子级练习所掌握的技能发展而来。

请注意，无论单段落提纲最终是否会成为一个书面段落，引导学生完成制定单段落提纲的过程，然后让他们独立完成一个单段落提纲，本身就是一项重要的练习。创建提纲不仅可以加深和巩固学生对相关内容的理解，而且还能培养他们进行概括和按逻辑顺序排列信息的能力。为学生提供足够的机会去制定提纲是非常重要的，不要仅仅让他们把提纲转化为草稿及成稿。

单段落提纲练习的差异化教学

- 对于独自完成单段落提纲有困难的学生,你可以提供主题句或结论句,或两者都提供,让他们以笔记形式记录细节。而对于基础较好的学生,你可以鼓励他们独立构思自己的主题句和结论句。
- 对于一级学生,他们在虚线上记笔记时可以仅使用关键词和短语,而对于基础较好的学生,他们可以使用缩写和符号。
- 对于在构思细节方面有困难的学生,你可以在页边空白处提供提示词,而对于其他基础较好的学生,则可以让他们独立思考分类细节。

总结

- 单段落提纲以其线性和简洁性,使学生能够有序地排列支持中心思想的细节,并排除不相关的信息。
- 在引导学生参与侧重于单段落提纲支架的练习之前,先为一级和二级学生示范如何以全班练习的形式创建整个单段落提纲。
- 通过单段落提纲支架练习,帮助学生理解主题句的概念,并学习如何组织和排序细节。
- 基于学生已有的句子知识,引导他们学习构建主题句和结论句的策略:句型、从属连词以及(仅面向二级学生的)同位语。
- 引导学生学习如何创作与主题句不重复的结论句。
- 和句子练习一样,重要的是要持续回顾单段落提纲支架练习,强化制定单段落提纲的技能,并将其作为检验学生理解情况的一种方式。

讨论

1. 为什么说单段落提纲的线性结构是学生最有效的规划工具?
2. 为何要在提纲中使用笔记而非完整句子来记录支持性细节?
3. 在练习构建主题句和结论句的过程中,学生能够培养哪些重要技能?
4. 有哪些技巧可以帮助学生在撰写结论句时避免简单重复主题句?
5. 即使学生不将提纲转化为草稿或成稿,他们也能从创建提纲中获得哪些益处?
6. 对于需要更多练习来完成提纲的学生,有哪些单段落提纲练习的差异化教学方法?
7. 提纲如何增强学生的分析性思维?
8. 请尝试根据你教授的内容,独立构建一个单段落提纲。

第 7 章

修改：
整合

经过一学年的学习，钱伯斯（Chambers）老师的5年级学生已经掌握了一套纯熟的句子级技能。他们学会了如何运用基本连词、从属连词和过渡词，并练习了通过添加同位语和运用疑问词来扩展核心句。此外，钱伯斯老师还指导学生完成了构建单段落提纲的流程，他们也看似掌握了这一技能。

在学习了一个关于昆虫的单元后，钱伯斯老师要求学生撰写一篇关于蝴蝶生命周期的段落。他期待看到学生将所学策略运用到他们的独立写作中。

然而，当他开始检查学生的作业时，他的期待还是落空了。一个名叫玛拉的学生所写的段落颇具代表性：

The life cycle of a butterfly has four stages. The first one is the egg stage. The second one is the larva stage. The third one is the pupa stage. The last one is the adult stage. The life cycle of the butterfly is very interesting.

基本的信息确实都提到了——但也只是勉强提及。玛拉也写出了完整的句子，并且紧扣主题，还构建了主题句和结论句。但整体而言，这段文字枯燥无味。

钱伯斯老师确信玛拉有能力构建更复杂、更多样化、信息量更丰富的句子，也知道她能使用过渡词来使写作更加流畅。

在进行句子级练习时，或者当钱伯斯老师给出具体建议（例如，在句中添加同位语），她和她的同学们都能很好地运用这些策略。但在独立写作时，他们似乎难以运用自如。

钱伯斯老师在思考，他该如何帮助学生内化这些策略，让他们成为更出色的独立写作者？毕竟，他不可能总是在旁边提醒吧。

教授学生具体的写作策略，并通过示范和创建练习让学生掌握这些策略，这一点至关重要。为他们提供有针对性的写作反馈也同样重要，但这种练习和反馈通常不足以让学生独立写出流畅、优美的文章。他们还需要学习编辑文章。但在此之前，更重要的是，学生需要学会如何修改文章。

为什么要进行修改练习？

- 使段落和文章行文流畅、逻辑连贯。
- 提供一种将修改融入文章的实质性方法。
- 使学生能够在长篇写作时运用从句子练习和制定提纲中获得的技能。

修改是一个循序渐进的过程，否则学生可能会觉得有难度。相应的练习会帮助学生掌握这一技能，相关练习我们会在以下内容中进行演示。

修改与编辑：两个不同的概念

许多人误以为修改和编辑是同一种东西，毕竟它们都是提升文章质量的关键步骤。对于许多经验丰富的作家而言，修改和编辑可能会有所重叠，但在教授学生时，教师应该将这两个过程区分开来。理解这两者之间的区别，是帮助学生将一篇平淡无奇、缺乏连贯性的文章，转变为一篇能够吸引读者、流畅且有说服力的文章的第一步。

修改：内容的深化与提升

修改指的是对草稿的内容或结构进行澄清或更改。本质上，修改要求作者从读者的角度出发，预测读者可能需要或想要了解的信息，并确定如何以最有效的方式传达这些信息。

修改是所有优秀作家都会进行的一项工作，他们甚至会反复修改，以确保作品清晰、准确、流畅。修改可能简单到用一个生动的形容词替换一个乏味的形容词，也可能复杂到重新组织文章中的观点顺序，以增强论点的力度。对于初学者而言，修改通常包括将简单的基本句型转化为丰富、复杂的句型，或者通过细节和例证佐证观点。对于许多作家来说，这意味着消除不必要的冗词赘句或简化复杂的句子结构。

进行修改时，学生可基于他们在创建单段落提纲时所做的计划，运用他们在句子级练习中学到的技能，包括利用过渡词来增强写作的流畅性。

编辑：文章的打磨

编辑虽然很重要，但通常它是一个相对直接的过程。它涉及识别并修正语法、标点、大小写、句法和拼写上的错误。

相比修改，许多老师更专注于编辑，可能是因为他们对写作的规则和机制更为熟悉。同样，如果你要求学生改进一篇文章，他们很可能只会机械性地修改，因为他们了解写作规则，这样做更简单；添加逗号或将专有名词大写并不需要想象读者需要什么或重新组织文章内容，没那么复杂。但修改才是应该投入大部分教学时间和学生精力的核心练习。学生的修改过程常常是浅尝辄止。

经验丰富的作家通常会同时进行修改和编辑。但是对学生来说，在编辑之前先进行修改，效果更为理想。学生只有在熟悉了修改过程之后，才能更好地编辑、校对和改进。修改可能会改变文章的措辞和结构，因此，对可能在下一版中删去的单词和段落进行过度编辑是没有意义的。在文章修改完成之前就进行编辑，就像在蛋糕烤好之前就抹糖霜一样。

但这并不意味着你必须等到学生进入编辑阶段才开始纠正他们写作规范方面的错误。即使你的目标是帮助学生修改文章，你也可以在不专门安排整节课来纠正这些错误的情况下，指出拼写和标点符号的问题。在本章的结尾，我们将更详细地讨论应该如何以及何时进行编辑。

修改练习

以下练习旨在加强学生修改文章的能力。

通过句子扩写丰富简单句

学生将提纲上的笔记转化为句子时，可能只会写出简短的简单句，尤其是那些像玛拉那样刚开始接触写作的学生。尽管简短的陈述句可以表达强调并使事实清晰，但一连串的简短陈述句会使文章显得生硬。

如何引导学生将这些句子扩写成长句、内容丰富的句子？

提醒他们在进行句子扩写练习时使用疑问词，如who、what、when、where、why和how，将核心句转换成复杂、信息丰富的句子（参见第3章）。现在，他们可以运用相同类型的疑问句来扩展草稿中的简短句子，从而向读者提供更多信息——对于需要额外帮助的学生，你可以提供适当的疑问词作为提示。

例如，假设你的一个学生开始根据提纲起草一篇关于安德鲁·克莱门斯（Andrew Clements）的《我们叫它粉灵豆》（*Frindle*）的段落。他们可能会写出这样一个简单句：

Nick Allen called a pen a "frindle".

这时，你可以问："你还记得他为什么叫它'frindle'吗？"

学生可能会回答："Because he wanted to perform a language experiment and annoy his language arts teacher."

"太好了！"你可以说，"试着把句子扩写一下，把这些信息也包括进去怎么样？"

这个提示可以帮助学生将他们的简单句转换成内容更丰富的句子：

Nick Allen called a pen a "frindle" because he wanted to perform a language experiment and annoy his language arts teacher.

引入句子多样性

让学生的草稿焕发活力的另一种方法是调整句子的长度和类型。提醒学生他们可以运用4种不同句型——陈述句、疑问句、感叹句和祈使句——你还可以用从属连词作为开头（见第4章）。

例如，一个学生写了一个关于殖民时期的美国的句子，后面跟着一两个使用了类似结构的句子：

Colonists needed a way to travel and to water their crops. They settled near rivers.

你可能会建议："试着将这两个句子合并起来如何？试试以从属连词开头？"学生可能会改写成这样：

Since the colonists needed a way to travel and a way to

water their crops, they settled near rivers.

如果你能根据学生所学内容，定期为他们布置各种句子级的练习，那么这些技巧将常驻于他们的脑海。

重新审视主题句和结论句

如果学生已经完成了一个单段落提纲，那么表示他们已经参与了创作有趣且信息丰富的主题句和结论句，并将其写在提纲上的过程。正如我们在第6章中详细介绍的，构建主题句有3种基本策略：

- 选择一种句型。
- 以从属连词开头。
- 添加同位语。

图7.1 创建主题句的3种基本策略

你可以要求学生改进一个简单的主题句，并提供一些练习，如下所示。

一级水平教学示例

> **要求**：使用句型、从属连词和同位语3种策略改进以下主题句。
>
> In this paragraph, I am going to tell you all about summer.
>
> 1. Enjoy summer!
>
> 2. Although summer is a fantastic season, heat waves can be dangerous.
>
> 3. Summer, a fantastic season, is popular with students because there is no school.

二级水平教学示例

> **要求**：使用句型、从属连词和同位语3种策略改进以下主题句。
>
> This paragraph is going to be about Genghis Khan.
>
> 1. Genghis Khan was one of the most powerful leaders in history.
>
> 2. Although there have been many memorable leaders, Genghis Khan was one of the most powerful.
>
> 3. Genghis Khan, a powerful Mongol leader, created a large empire.

选择生动、多样和精确的词语

让句子焕发活力的一个方法是巧妙运用富有力度的名词和动词，以及修饰语和描述性短语。在练习初期，对于一级学生，你可能需要向他们展示如何在句子中恰当地使用形容词和描述性短语，但随着学习的深入，学生将逐渐学会独立寻找合适的位置来放置这些词汇。

如果学生倾向于使用那些过度使用、容易拼写的形容词，比如"fun""nice"或"good"，鼓励他们寻找更具体的描述性词汇。你可以与学生一起头脑风暴，提供建议的替代词清单，或解释如何利用同义词词典。例如，学生可以用"exciting"或"sensational"来替换"fun"。你也可以建议用"enjoyable"或"fantastic"来替换"good"。学生在围绕更精确和多样化的替代词汇进行头脑风暴时，经常能做出令人惊喜的选择。

如果你的学生正在阅读《都是戴茜惹的祸》（*Because of Winn-Dixie*），你可以给他们设计以下练习：

一级水平教学示例

> **要求**：为以下加粗词列出一个形容词清单。
>
> Opal is a **nice** girl.
>
> | *friendly* | *respectful* |
> |---|---|
> | *generous* | *compassionate* |
> | *helpful* | *kind* |

二级水平教学示例

要求： 为以下每个加粗词或短语列出更精确的词语或短语清单。

1. **A long time ago,** people fought for freedom.

During the Revolutionary War   In the late 18th century

From 1775 to 1783   During the colonial period

After the Boston Tea Party   During the American War of Independence

2. A long time ago, **people** fought for freedom.

the Continental Army   colonists

the New England colonies   revolutionaries

the Sons of Liberty   Americans

使用两个基础连词but和so可以扩展到更复杂的词汇，应当鼓励学生在独立写作中使用这些词。记住，学生应该在句首而非句中使用图7.2列出的复杂词。

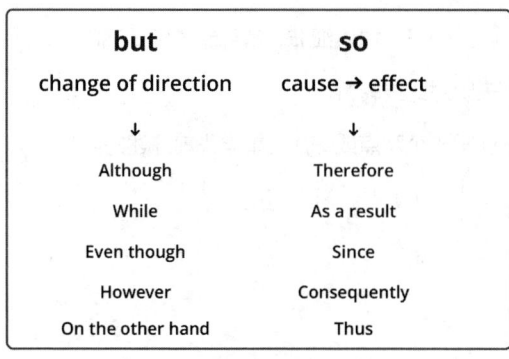

图7.2　应在句首使用的复杂词

使用过渡词使句子流畅

到此，你的学生应该已经熟悉了我们在第4章中讨论的过渡词/词组。如果你引导他们在修改过程中恰当地插入过渡词/词组，他们的文章将变得更加流畅和连贯。为了让学生明白这些简短过渡语的强大作用，可以向他们展示优秀的文学作品或说明文，并让他们了解如何使用过渡词。

过渡词可以放在句首，以建立该句与前一句的联系，或者用于连接句子中的思想。此外，过渡词还能强调贯穿段落的主题或思想，将各个句子紧密联系在一起。

如果学生在修改时难以决定使用哪种过渡词，你可以建议他们参考附录C中的特定类别。通过充分的练习，他们会独立找到合适的过渡词。

过渡词如果使用得当，会对创建连贯的段落和文章至关重要。简要回顾一下，过渡词的基本类型及其功能如下所示。

过渡词的分类

时间和顺序——说明事件的顺序以及步骤的流程。

结论——表达总结、因果关系、观点、解决方案。

说明——给出例子、提供细节、解释或详细阐述陈述。

转折——表明对比或转折。

强调——证明一个观点或陈述；重申先前陈述的内容。

> **提示**
>
> 附录C中的过渡词清单对这5种过渡词的功能进行了概述。该清单并非详尽无遗,但我们建议的词汇和词组是学生在文本和文学作品中最常遇到的。你可以为学生提供附录C的副本,以便他们在修改文章时参考。

介绍段落草稿

我们经常会发现,当老师为学生提供结构化指导时,学生能够熟练运用书中的技巧;然而,一旦独立写作,他们便一筹莫展。这种情况通常会在学生尝试修改自己的草稿时出现。例如,当老师建议学生添加同位语时,学生可能会在指导下通过添加同位语来改进一个句子,但如果没有提示,他自己想不到要这么做。

解决这一问题并提升学生独立写作能力的有效途径之一是采用段落草稿(Unelaborated Paragraph)作为练习材料。但学生已经投入了精力,他们可能不愿意修改自己的作品。相较之下,他们更愿意用别人的文章进行修改练习。

> **为什么要练习修改段落草稿？**
> - 帮助学生在有结构性支架的环境中学习TWR方法，并将其独立运用于个人的写作实践中。
> - 帮助学生在没有心理负担的文本上练习修改技巧，这样他们更愿意试错。
> - 加深他们对写作内容的理解。
> - 强化学科知识和词汇知识。

这个方法的核心思路是为学生提供一个由四到六个简单句构成的基础段落，然后引导他们改善这个段落。

提供的段落草稿不应包含拼写、大小写、标点或语法错误，这样学生就可以将注意力集中于修改，而非编辑。

学生要运用他们所学的句子级策略，包括对过渡词的理解，并练习运用多样化的词汇，以丰富和扩展句子内容，使段落更加流畅。对学生的修改指导应只包含那些你明确教授过的技能。

和书中的所有练习一样，学生应该在你的指导下，以全班练习的形式学习修改段落草稿。理想情况下，修改练习应该与学生已学习的内容相结合。如果无法结合，你可以选择一个学生熟悉的主题。如果学生对主题不够了解，他们是无法提供改进和扩展段落所需的细节的。

以下一级水平教学示例展示了学生修改段落草稿的一种可能性。

一级水平教学示例

戈尔德老师正在和她1年级的学生一起做练习，他们使用了以下段落草稿，主题是关于学生去水族馆的旅行：

> The third grade went to the aquarium. We saw lots of fish. We had lunch. The bus ride was fun. It was a very good field trip!

"这段文字读起来很枯燥，不是吗？"戈尔德老师展示完这段文字后问道，学生纷纷点头表示同意。"让我们看看能不能让它变得更吸引人。我们是什么时候（When）去的？"

"上周！"学生齐声回答。戈尔德老师随即在第一句的开头加上了"last week"这个词。

"很好！"戈尔德老师称赞道，"那么下一句呢？我们可以添加些什么（What）？"

"我们可以说我们看到了各种不同的海洋生物。"一个学生建议。

"这个主意不错。"戈尔德老师说，"下一句呢？我们什么时候（When）吃的午饭？在哪里（Where）吃的？"

在整个段落的修改过程中，戈尔德老师不断地提出问题，并将学生的回答逐一添加到黑板上。她还提出了其他问题，比如：

"为什么（Why）坐公共汽车很有趣呢？"

"我们能不能想出一个比'good'更生动的词来结束最后一句？"

要求： 根据下列指示修改段落。

The third grade went to the aquarium. We saw lots of fish. We had lunch. The bus ride was fun. It was a very good field trip.

1. Expand T. S. (when?)

2. Sentence 2: Vary vocabulary, be specific (lots, fish)

> 3. Sentence 3: Expand (when? where?)
>
> 4. Sentence 4: Vary vocabulary (fun)
>
> 5. Sentence 4: Expand (why?)
>
> 6. C. S. : Vary vocabulary (good)
>
> Last week, the third grade went to the aquarium. We saw fantastic sea creatures such as dolphins. Later, we had lunch outside at the picnic tables. The bus ride back to school was great because we had snacks and talked to our friends. It was a wonderful field trip!

在这之后,她给学生分发了一张作业纸,上面是她和全班同学关于如何修改段落草稿的讨论内容。

更有经验的作者能够在较少的辅助下改进段落草稿。但你不要因为认为这类段落草稿简单就不给学生布置练习!即使是高中生,这些练习仍然非常有效,可以把它当作理解检查和练习修改的方法。

二级水平教学示例

以下练习示例针对二级学生。假设你的班级正在学习有关美国历史上著名女性成就的知识。

要求： 根据下列指示修改段落。

Eleanor Roosevelt was important. She was married to Franklin Roosevelt. She was the First Lady from 1933 to 1945. She made many contributions. Many people admired her.

1. Improve T. S. and C. S.
2. Expand sentences
3. Use transitions
4. Combine sentences
5. Vary vocabulary
6. Use an appositive
7. Give examples
8. Use a subordinating conjunction

Eleanor Roosevelt, one of the most admired women of the 20th century, was the wife of President Franklin Delano Roosevelt and First Lady from 1933 to 1945. Although she was born into great wealth and privilege, she was extremely aware of the injustices suffered by those less fortunate. She became a passionate advocate for human rights, and is remembered as an author and activist. After FDR's death, President Harry Truman appointed her as a delegate to the United Nations, where she gained worldwide respect and received many honors and awards for her achievements. Truman called Eleanor Roosevelt the "First Lady of the World".

在撰写这段信息丰富、行文流畅的段落时，学生展现了他们创作复杂句子和组织文章的能力。同时，他们也在吸收和深化这个主题。

段落草稿的差异化教学

- 为所有学生提供相同的基础段落,但对部分学生提供相对较少的修改指导。例如,对部分学生可以要求6项具体的修改任务,对另一部分则仅要求一两项任务。

- 提供的指导要具体且明确,而非模糊不清。例如:

明确:在主题句中融入同位语。

模糊:提升主题句的质量。

明确:在第四句中加入与"where"相关的信息。

模糊:扩充句子内容。

从段落草稿到独立修改

向学生提供段落草稿旨在没有教师引导提示的前提下,培养他们独立修改自己作品的能力,以达到类似的效果。

以下步骤将帮助学生达成这一目标:

1. 以班级为单位,共同修改原始段落。

2. 提供一个段落草稿并附上具体指导,让学生以个人、两人一组或小组的形式完成修改。

3. 让学生在没有指导的情况下,以个人、两人一组或小组的形式修改段落草稿。

4. 在老师提供反馈后,让学生修改自己的作品。注意:老师的反馈应基于TWR方法和练习——例如,"add a transition"。

5. 让学生运用他们所练习的技巧,独立修改自己的作品。

随着学生逐渐习惯修改自己的作品,鼓励他们多改几次。你可以让学生知道:通常情况下,作者的写作水平越高,他们修改草稿的次数也越多。

需要强调的是，许多课程只需要完成修改和编辑即可，并不一定需要一个经过润色的段落或文章终稿来实现最终的教学目标。

通常来说，修改课刚开始的作业应该简短。对于一级学生而言，最好将他们的修改范围限制在由五六个句子组成的段落内。即使是更有经验的学生，如果他们仍在学习如何进行深入修改，也应如此。如果给学生的作业篇幅过长，他们可能会觉得无从下手，积极性因此受挫。我们追求的是行文的清晰和准确，而不是篇幅的长度。

如果是在作业本上手写草稿，要提醒学生预留出足够的空间来进行修改和编辑，比如可以跳行书写。如果学生使用电子设备写作，出于同样的原因，他们应该使用双倍或三倍行距。计算机在起草、修改书面作品以及打印最终版本时非常有用——但前提是学生需要学会键盘操作并能熟练打字。如果学生花费太多时间寻找字母按键，很可能会在复杂的写作任务中分心。

给学生提供反馈

教师应根据学生的写作水平提出针对性的反馈。学生在撰写草稿时，可能需要进一步扩展某些句子。对一级学生，你的反馈应该具体且明确。例如，你可以在他们的文章中直接插入"when?"或"why?"来引导他们思考。对于二级学生，简单地写上"expand"。通过这样的反馈，引导他们去查看墙上的疑问词图表，从而帮助他们确定合适的疑问词。

学生在掌握了构建句子、制作单段落提纲和使用过渡词的技巧后，应该能够理解以下简洁而有针对性的反馈方式，这比简单地说"make it better"或"add more details"要有效得多。

以下是一些具体的反馈示例：

when? why?（扩展句子）

ext w/ so →（用"so"来扩展）

ex.（请举例说明）

app. in T. S.（在主题句中使用同位语）

insert transition（插入过渡词）

sub. conj. in C. S.（用从属连词引导结论句）

combine sent. 2 & 3（合并第二个和第三个句子）

老师也可以笼统地指出学生偏离主题的地方，如：

repetitive（重复的）

irrelevant（不相关的）

图7.3是一个直接在草稿上提供反馈的示例：

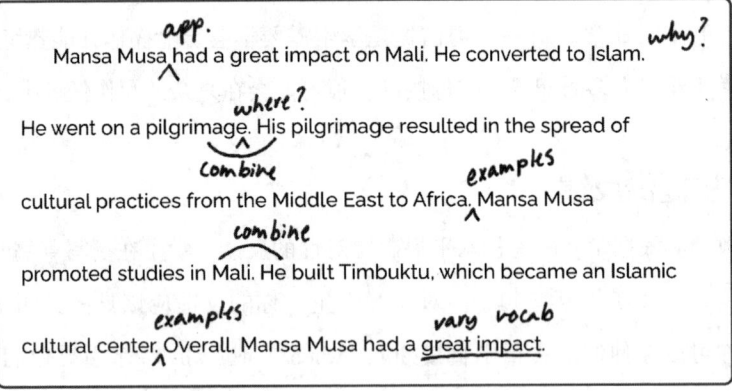

图7.3　教师反馈示例

编辑：至关重要的最后一步

学生在完成了他们的作品后，就进入了校对的关键阶段，也就是要仔细审查拼写、大写、标点和语法上的错误。许多学生，特别是初学者，可能需要额外的帮助来识别和改正这些问题。

正如我们在第1章所讨论的，研究者们普遍认同，单纯孤立地教语法对大多数学生来说是不够的。但这并不代表我们要放弃语法教学。一个有效的策略是将语法教学与写作规范（例如拼写和标点）结合起来，融入学生的日常任务或课堂练习中。

在第2章和第4章中，我们强调了在句子层面上教语法和规范的重要性，因为相对于长篇写作，学生在较短的句子中犯的错误更容易处理。即便如此，学生开始撰写段落和文章时，仍然难免会犯一些写作规范错误，尽管这些错误可能没有之前那么多。为了让学生掌握相关技能，避免因技术性错误而分散读者的注意力，老师应该继续在学生的草稿中识别并纠正这些错误。

使用校对符号提高效率

若能让学生掌握标准的校对符号，例如使用插入符号来表示需要插入内容，你就能在修改和编辑阶段，通过这些符号快速而精确地指出他们的写作问题。如果你只是简单地圈出如主谓不一致这类语法错误，学生可能难以理解具体的问题所在。

确保学生知道自己犯了怎样的错，以及如何改正，这是他们掌握规则的关键。使用校对符号准确指出错误，可以大大提高修改和编辑的效率。

对于教学时间本来就紧张的老师来说，提供详尽的写作反馈比较困难。但如果你已经为学生打下了坚实的基础，你就能相对迅速地给出简洁的反馈。学生不仅能理解你的缩写和符号，还能根据你的建议进行修改。

随着学生的修改技巧日益精进，你可以考虑向他们提供附录D中的"修改与编辑检查表"，并根据学生的需求和能力水平进行适当的调整。这样，学生就可以对照检查表自行检查，让自己的段落和文章达到最佳水平。

总结

- 修改是指对草稿进行结构上的调整,这一步应在编辑之前进行。编辑主要关注纠正写作规范错误。
- 在辅助学生修改草稿时,提醒他们运用句子扩展、句型、从属连词、同位语以及合并句子等技巧来丰富句子结构。
- 鼓励学生在修改过程中选用生动且精确的措辞。
- 过渡词能够展示句子和思想之间的联系,使文章流畅连贯。
- 让学生修改自己的作品之前,先练习修改你提供的段落草稿。
- 使用校对符号和缩写来反馈TWR方法,确保反馈既明确又简洁。

讨论

1. 修改与编辑有何不同?在教学中哪个应该占用更多时间?为什么?
2. 过渡词/词组在修改过程中扮演什么角色?
3. 你认为在修改反馈中,最常提及的句子策略是哪一种?
4. 为什么说段落草稿是教授修改的有效方法?
5. 为什么段落草稿中不应有拼写、大写或标点符号错误?
6. 如何让你的反馈对学生更有帮助?

第8章

概括：
寻找文章的主旨

> 巴克斯鲍姆（Buxbaum）老师的11年级社会学课程一直在深入研究美国革命及其后续影响。她给学生分发了一篇关于制宪会议的文章，并要求他们进行概括。
>
> 贾马尔的概括长达3页，详尽地描述了1787年初美国首批选出代表的殖民地名称、当时夏天费城炎热的天气，以及新泽西计划的提出和最终否决等细节。
>
> 而菲莉西亚的概括则简洁至极，只有两句话：
>
> Delegates from the colonies met in Philadelphia. They drafted the Constitution.
>
> 这两个概括都没有达到巴克斯鲍姆老师的期望。贾马尔虽然对制宪会议非常了解，但他在区分重要事件和有趣却无关紧要的细节上存在困难。另外，菲莉西亚的概括遗漏了一些关键信息，例如召开制宪会议的具体时间。
>
> 巴克斯鲍姆老师意识到，像贾马尔和菲莉西亚这样的学生在理解概括应该包含哪些内容时需要更多的指导。但她不知道该如何提供这种指导。

学生在被要求概括时，常常难以把握应该包含多少信息、聚焦于哪些内容。他们不确定什么程度算多，什么程度算少；哪些信息是关键的，哪些又是可以省略的。教师可能会要求2年级及以上的学生概括一个章节的内容或整本书的主旨，然而，即便是许多高中生在概括时也难以恰当地把握简洁和细节之间的平衡。

概括写作的重要性

概括（Summary）是对文章要点的简洁陈述，可以通过书面或口头形式表达。

有时老师可能会低估让学生学会撰写有效概括的难度和重要性。概括的重要性在于学生要捕捉到文章内容的核心。如果学生将脑海中的概括或口头概括转化为书面形式，这种技巧的重要性就尤为显著，因为你需要更加深入地思考你想传达的内容。书面概括也更容易进行评估和修改。然而，相较于思考或说话，写作会带来更大的认知负荷，因此在没有明确指导的情况下，缺乏经验的写作者可能难以进行有效的书面概括。

为什么要练习概括？

- 提升学生的阅读理解技巧。
- 检验学生的理解程度。
- 协助形成简洁、精确的回答。
- 引导注意力集中在核心要点和最相关的细节上。
- 教授改写的技巧。
- 提供整合信息的实践机会。
- 加强分析信息的能力。
- 培养归纳概括的技能。
- 辅助记忆信息和词汇。

尽管如此，无论学生的年级或能力水平如何，他们都可以学会概括。教师的教学方法也需要根据学生的技能水平、文本的复杂性及知识要求等因素而有所调整。学生们通过学习扩展句子或创作单段落提纲所获得的技能，会对他们的概括能力带来很大的帮助。

概括信息是我们日常生活中不可或缺的技能，不仅仅局限于课堂上。例如，当我们需要完成以下任务时，概括能力就显得尤为重要：
- 叙述个人经历或某个过程；
- 描述一个人或一个物体；
- 概述故事情节；
- 提供指导；
- 给出批评性评价。

概括的难易程度受内容、语言、句法的复杂性，以及读者对话题的了解程度影响。为更好地体会概括的难度，你可以尝试对以下这段出自康德《判断力批判》(*Critique of Judgement*)第一页的段落进行总结：

> We proceed quite correctly if, as usual, we divide Philosophy, as containing the principles of the rational cognition of things by means of concepts (not merely, as logic does, principles of the form of thought in general without distinction of Objects), into theoretical and practical. But then the concepts, which furnish their Object to the principles of this rational cognition, must be specifically distinct;otherwise, they would not justify a division, which always presupposes a contrast between the principles of the rational cognition belonging to the different parts of a science.

如果没有哲学研究生的背景，这显然不是易事！

> **专家问答**
>
> 多项研究综述表明，概括对于提升阅读理解和学习效果具有显著的促进作用。研究显示，当学生掌握如何撰写摘要时，这一练习有助于他们识别文本的主旨、进行概括并记忆信息。
>
> 一项研究综述指出，概括对小学生的影响尤为显著。研究还发现，与反复阅读、学习或接受阅读技巧指导相比，概括的效果更佳。

老师们常被告知应该让学生概括学习材料，但通常不会解释为什么或如何进行。现在我们已经解释了概括的重要性，接下来就将告诉你如何教授这项关键技能。

在开始之前需要考虑的3个问题

在开始概括练习之前，你需要先回答以下3个问题：

- 学生对该主题是否有足够的了解？最好将概括练习融入教学内容，确保你花了足够的时间讲解内容，以便学生能够有条理地归纳概括。
- 概括的目的是什么？是用来检查学生理解程度，还是作为学生学习的辅助材料？
- 格式是什么？单句、提纲还是段落？

两种概括的结构

以下两种格式——概括句和单段落提纲,将帮助学生组织他们从阅读、倾听或收集的信息中得到的想法。选择使用哪种格式取决于要概括的文本、概括的目的以及学生的能力水平。两种格式都要求学生重新审视文本,进行深度阅读,并找出主旨和最重要的点。

正如往常一样,在要求学生独立完成这些练习之前,先全班一起完成是个不错的做法。

概括句

第一种格式,即概括句(Summary Sentence),与扩句非常相似。它采用了与扩句练习相同的疑问词,概括和扩句运用了许多相同的技能,只是概括不提供作为开头的核心句。相反,学生需要对特定文本——如故事、段落、书章或文章——进行概括。

要求:完成概括句。不要求使用所有疑问词,只需回应相关的部分即可。

Who/What?	Maya
(did/will do) What?	built urban centers
When?	pre-Columbian era
Where?	throughout their empire
Why?	N/A
How?	expertly

概括句:During the pre-Columbian era, the Maya expertly built urban centers throughout their empire.

在要求学生对文章进行总结时，若文章内容存在多个侧重点，教师应明确指出希望学生关注哪个重点。学生在扩展一个简短的核心句子时，其关注点通常较为明确。然而，一个段落、一篇文章或一个章节可能包含多个主题。因此，若希望学生集中关注文本的特定方面，请务必清晰地指出。

例如，如果你让学生概括一篇关于美国某地发生龙卷风的文章，且希望他们专注于龙卷风造成的破坏，那么要明确指出这一点。有些学生可能会去关注事件发生的时间线，或者受影响的地区和人群。除非你指定主题，否则你可能得不到你期望的概括内容。

此外，让学生知道他们不需要回答列出的所有疑问词。当学生还在学习撰写概括句时，重要的是引导他们思考哪些疑问词适合当前的特定文本，并告诉他们如果某个疑问词不适用，应在旁边的虚线处标记"N/A"（不适用）。

许多报纸和杂志在文章里会在开头用一句话概括文章内容，告诉读者接下来会看到什么。书评、影评和电视节目也常以一句话概括内容。可以向学

提示

- 让学生基于家庭作业或之前学习的内容，在课堂开始时完成概括句练习。
- 回顾课堂已经学过的内容。例如，如果学生正在学习《麦克白》（Macbeth），可以让他们概括其中的一段独白。
- 学生应该以笔记的形式，在虚线处填写对疑问词的回答。
- 在适用于所概括的文本时，概括句应以"when"疑问词引导。
- 可以将单句概括作为口头练习，让全班一起练习，让学生保持句子简洁且紧扣主题。
- 确保疑问词被醒目地展示出来。

生展示这种简短概括句在日常生活中出现的频率。

最终产出的概括句应当是一个有信息量且连贯的句子，通常可以作为段落的主题句。概括句在单独使用时，应能够有效识别文本的主旨。

> ⚠️ **注意**
>
> 简短的文本，尤其是经过简化或改编的文本，往往更难概括，因为它们包含的信息较少，本质上是已经被概括过的。确保你提供的文本细节足够丰富，语言相对复杂，以便学生能够从中提炼出主旨。
>
> 同时，文本也不应过于复杂，否则学生无法理解。选择合适的文本具有一定的挑战性，老师应该亲自选定文本，至少在开始阶段如此，而不是让学生自己选择。

用单段落提纲进行概括

学生可以利用单段落提纲计划撰写概括段落。他们在单段落提纲相关练习中学到的许多技能同样适用于概括：

- 区分关键信息与非关键信息；
- 将文本简化为笔记，或改写文本；
- 组织想要表达的要点；
- 整合信息并进行概括；
- 将主题句改写为结论句。

学生在概括练习中使用单段落提纲时，需要参考特定的资料，从中提取必要的信息以完成大纲。学生需要完成以下步骤：

- 确定主题的支持细节；
- 构建一个主题句；

- 选择并排列支持细节；
- 在虚线上以笔记形式记录细节；
- 撰写一个完整的结论句。

在引入概括练习时，一位6年级老师要求学生阅读一篇关于正确选择太阳镜重要性的文章。然后，整个班级一起编写了以下单段落提纲。最后，学生独立撰写了这段文章的概括。

T. S. While cost and style are factors to consider when shopping for sunglasses, effective protection is most important.

    1. UVA + UVB = damaging rays → cataracts

    2. decal/absorb 99-100% harmful rays/polarized

    3. style/wrap-around

    4. cloudy days + winter → UV radiation

C. S. In conclusion, wearing well-chosen sunglasses throughout the year is crucial for protecting the health of your eyes.

While cost and style are factors to consider when shopping for sunglasses, effective protection is most important. Consumers need to know about the dangers of UVA and UVB rays because they can cause great damage, including cataracts. Look for a decal stating that the glasses are polarized and can absorb 99-100% of harmful rays. Wrap-around styles are best for protecting your eyes on all sides. Many people don't know that UV radiation exists on cloudy days and during the winter. As a result, their eyes can be at risk. To conclude, be diligent when shopping for the safest sunglasses.

总结

- 学生在进行概括练习之前，需要先掌握扩句和单段落提纲技能。
- 在要求学生进行概括之前，确保他们对文章主题有足够的了解，能够理解文章并明确概括的目的和格式。
- 概括句的难度要显著高于扩句，因此要确保学生在处理概括句之前进行过充分的扩句练习。
- 在要求学生完成概括句模板时，首先确保他们理解在"who/what"和"did/will do (what)"栏里填写什么，从而明确主题。
- 已学过单段落提纲的学生可以使用单段落提纲来概括特定的文章。
- 鼓励学生在口头和书面形式上练习概括。

讨论

1. 概括如何增强理解力?
2. 描述在学生开始概括之前需要满足的3个条件。
3. 单段落提纲如何为写作概括提供指导?

第9章

步入文章阶段：
过渡提纲和多段落提纲

随着春天的脚步临近，汉密尔顿（Hamilton）老师意识到她的5年级学生即将面临期末的阅读测试，学生需要根据给定的写作题目撰写较长的书面回答。学生将阅读一篇关于某个话题的文章，这个话题可能是他们熟悉的，也可能是不熟悉的，然后根据题目对这篇文章进行详细回答。

为了帮助学生应对即将到来的测试，汉密尔顿老师安排他们阅读了一篇关于蜜蜂濒临灭绝的文章，并要求他们写一篇关于蜜蜂灭绝的原因和影响的文章。但结果并不尽如人意。

艾娃写了一段冗长的段落，基本上只是在重复同一个信息——几乎是直接从文章中逐字复制下来的。迈克尔的回答则包含了许多关于恐龙灭绝的内容，但与蜜蜂的关联微乎其微。布兰登提到了一些来自文章的细节，但也只是把这些信息毫无章法地堆砌在一起。特里娜——以及班上许多其他学生——则直接趴在桌子上，似乎对这项任务感到无比抗拒，甚至没有尝试去作答。

汉密尔顿老师不确定接下来该如何是好。是这个测试对于5年级学生来说——至少对于她班上的学生太难了吗？还是她的教学方法有待改进？无论问题出在哪里，在短短几周内，她的学生就要在测试中根据题目要求写出连贯且有深度的书面回答。而她确信，大多数学生目前还做不到这一点。

写作本就不易，长篇写作更是难上加难。正因如此，从句子层面开始进行写作教学尤为重要，它能够减轻写作对工作记忆的负担，释放更多的认知能力。然而，即使学生已经知道如何写好句子，长篇写作依然会带来过重的认知负担。学生可能需要在工作记忆中同时处理多个复杂的事项，比如追踪自己写过的内容以及接下来要表达的内容。这就是为什么线性提纲如此重要：它能帮助"分担"部分认知负担。

随着学生进入更高年级，他们不仅被要求进行长篇写作，还需要围绕超出个人经验的主题进行创作，这要求他们在工作记忆中同时处理写作需求和写作内容。小学阶段过分强调个人叙事类写作往往会导致学生在初中和高中无法应对这些写作需求。

针对这一问题，美国许多地方已经要求学生从小学阶段开始进行长篇写作，并涉及各种文体——记叙文，说明文和议论文。现在，对小学4年级的学生来说，简单写一段关于他的暑假生活或参观动物园的文章已经不够了。这些新标准要求学生创作这样的文章："清晰介绍一个话题或文本，陈述观点，并创建一个组织结构，将相关观点分组以支持作者的写作目的。"

虽然为低年级学生做好准备，对于应对未来的写作需求非常重要，但这些标准仅告诉我们学生要达到什么水平，却没有说明如何达成。基于这些标准的写作要求和作业往往没有考虑到儿童实际的写作水平，也未充分考虑到写作对不同年龄段缺乏经验的写作者所施加的巨大认知负担。

当被要求以说明文为体裁进行长篇写作时，各个年级的学生常常会在句子结构、组织、清晰度和连贯性方面遇到困难。仅仅布置篇幅更长、更具挑战性的写作任务，并不能神奇地赋予学生精心构思文章的能力。

文章（Composition，或Essay）由围绕一个共同主题的一系列段落组成。一篇有效的文章与一个有效的段落一样，需要具备以下特征：

- 结构。段落的排列顺序应该确保读者能够清晰地理解内容。

- 连贯性。段落之间需要通过适当的过渡词来实现逻辑上的连接。
- 统一性。每个段落都应该支持文章的中心思想或论点。
- 合理的句子结构。每个段落中的句子都应该语法正确、表达清晰，并且句子类型应该多样化，结合使用简单句、复合句和复杂句。

在多年的教学实践中，我与同事们分析了无数的文章、研究论文以及考卷中的文章题目。通过对长期作业和考试中限时作文的研究，我们发现，教师需要一个结构化、循序渐进的方法来引导学生撰写更长篇幅的文章。这种方法的核心在于教会学生制定线性提纲，这需要在他们已有的段落提纲学习经验的基础上逐步发展。

列提纲的好处

为什么要练习为文章列提纲？

- 揭示学生和教师在知识或理解上的代沟。
- 培养组织能力。
- 帮助对信息分类。
- 为说明文、记叙文和议论文的结构提供逻辑顺序。
- 避免内容重复和无关信息的混入。
- 促进引言和结论的结构更加完整。
- 培养高效的笔记整理技巧。
- 加强在观点和段落之间创建过渡的能力。
- 强化学科知识和词汇知识。

列提纲不仅能帮助学生巩固已掌握的知识，还能引导他们获取新的信息，并在此基础上进行拓展。学生在熟悉提纲及相关技能后便能在考试时在草稿纸上列提纲，并利用提纲撰写更加清晰和连贯的文章。

要记住的是，和单段落提纲一样，无论学生是否将提纲转化为草稿或成稿，列提纲本身就是一种强有力的练习。此外，在学生学习列提纲的同时，继续进行句子层面的练习，这一点也很重要。

过渡提纲与多段落提纲

过渡提纲（TO）模板（见图9.1）专为那些已经准备好写多段落但尚未具备撰写完整引言和结论能力的学生设计。

基于过渡提纲的文章以一个单句作为论点陈述（Thesis Statement）开始，以一个单句作为结论陈述（Concluding Statement）结束。通常，这类单句段落只出现在小说或新闻写作中。尽管如此，我们认为在教学生如何写出完整的引言和结论之前，先提供一个较为简单的方法来引入和总结是十分重要的。我们将在本章稍后探讨如何撰写完整的引言和结论。

部分学生或许已具备直接应用较为复杂的多段落提纲（MPO）的能力，无须先从过渡性提纲开始练习，模板见图9.2。

熟悉单段落提纲但尚未准备好使用过渡提纲或多段落提纲格式的学生，可以使用过渡前提纲（PTO）。在本章后面的内容以及附录I中，可以找到过渡前提纲的模板。

老师需要根据学生的实际情况作出判断。即使所有学生的写作内容是相同的，但是如果学生之间能力差异较大，你可以为部分学生提供过渡提纲，而为其他学生提供多段落提纲。

过渡提纲

姓名：＿＿＿＿＿＿＿＿＿＿＿＿＿＿＿＿＿　　日期：＿＿＿＿＿＿＿＿

主题：＿＿＿＿＿＿＿＿＿＿＿＿＿＿＿＿＿＿＿＿＿＿＿＿＿＿＿

论点陈述：＿＿＿＿＿＿＿＿＿＿＿＿＿＿＿＿＿＿＿＿＿＿＿＿＿

＿＿＿＿＿＿＿＿＿＿＿＿＿＿＿＿＿＿＿＿＿＿＿＿＿＿＿＿＿＿

中心思想	细节
1.	
2.	

结论句：＿＿＿＿＿＿＿＿＿＿＿＿＿＿＿＿＿＿＿＿＿＿＿＿＿

＿＿＿＿＿＿＿＿＿＿＿＿＿＿＿＿＿＿＿＿＿＿＿＿＿＿＿＿＿＿

图9.1　过渡提纲模板

多段落提纲

姓名：_____ 日期：_____
主题：_____
论点陈述：_____
_____

中心思想	细节
引言 1.	
2.	
3.	
4.	
结论 5.	

结论句：_____

图9.2　多段落提纲模板

过渡提纲和多段落提纲的使用前准备

如果你的学生已经进行了足够多的单段落提纲练习,他们应该已经掌握了独立制定过渡提纲所需的一些基本技能。具体来说,他们将学会如何:

• 使用关键词、短语、缩写和符号,以笔记形式写出支持细节;

• 组织和分类细节。

他们还需要掌握两项新技能:

• 生成总结全文主题或中心思想的论点陈述;

• 生成重新表述论点陈述的结论句。

为构建这些陈述,学生需要利用并扩展他们在总结和撰写单段落提纲的论点陈述和结论句中获得的概括能力。

同样地,当需要起草和修改一篇文章时,那些有经验的学生已经掌握了他们所需的如下技能:

• 创建论点陈述;

• 使用多种句子结构;

• 使用过渡词/词组连接句子。

但他们也需要通过反复练习获得一些新技能,包括:

• 使用过渡词/词组连接段落和句子;

• 学习如何将引文顺利地融入写作中。

准备好使用多段落提纲起草和修改文章的二级学生还需要掌握另一个颇具挑战性的技能:

• 撰写开头和结论段落,不仅包括论点陈述,还至少需要另外两个句子,为论点陈述提供更广泛的背景。

在向学生介绍过渡提纲和多段落提纲时,老师最好基于学生之前学过或正在学习的内容布置写作任务,且他们对该主题应该有一定程度的了解。对于二级学生，你可以提供一些需要学生做额外调查的写作主题。

接下来，我们会先解释如何引导学生完成相对简单的过渡提纲，然后讨论如何针对已经准备迎接多段落提纲挑战的二级学生教授所需的技能。在下一章，我们会详细讨论议论文的写作——这种写作形式对学生而言非常有挑战性。

向学生介绍过渡提纲

即使学生已经熟练掌握如何创建单段落提纲并起草段落，他们在准备写作复杂的文章时，可能仍需要额外的支持。学生不必一定要从3个段落开始，再逐步增加到4段或5段。文章的长度应该根据主题和内容来决定。

但教师一定要花费大量时间与全班一起制定过渡提纲，具体操作顺序详见图9.3。与单段落提纲类似，提纲不一定非要转化为草稿。

制定过渡提纲的步骤

1. 选择主题并确定文章的写作目的。
2. 撰写论点陈述。
3. 在左侧的"中心思想"框中写下每段的中心思想，使用缩写"T. S."作为提示。
4. 在每个正文段落的右侧栏中写下支持中心思想的细节。在虚线下方填写关键词、短语、缩写和符号。
5. 撰写结论陈述。

在接下来的章节中我们会详细讨论每一个步骤。

过渡提纲

姓名：＿＿＿＿＿＿＿＿＿＿＿＿＿＿＿＿　日期：＿＿＿＿＿＿＿＿

1 主题：＿＿＿＿＿＿＿＿＿＿＿＿＿＿＿＿＿＿＿＿＿＿＿＿

2 论点陈述：＿＿＿＿＿＿＿＿＿＿＿＿＿＿＿＿＿＿＿＿＿＿
＿＿＿＿＿＿＿＿＿＿＿＿＿＿＿＿＿＿＿＿＿＿＿＿＿＿＿＿＿＿

中心思想	细节
1. **3**	**4**
2. **3**	**4**
3. **3**	**4**

5 结论句：＿＿＿＿＿＿＿＿＿＿＿＿＿＿＿＿＿＿＿＿＿＿＿

图9.3　过渡提纲模板

1.选择一个主题并确定写作目的

学生必须对某个主题有足够的了解，才能基于该主题创建过渡提纲。书评、与科学或地理相关的时事新闻，以及传记等都属于比较合适的主题。

过渡提纲的主题应由老师而非学生确定，尤其是在最初阶段，所有学生应该基于同一主题进行写作。学生需要通过充分的练习，才能独立选择合适的写作主题——既不过于狭窄也不过于宽泛。例如，"美国内战"这个主题过于宽泛，而讨论某场小型战役则可能过于狭窄。相比之下，回顾尤利西斯·S.格兰特（Ulysses S. Grant）的军事生涯或分析葛底斯堡战役会更合适。

尽管高年级的学生可能会选择更复杂的主题，但在学习如何构建过渡提纲的过程中，不应要求他们独立进行研究，否则可能会给他们的工作记忆带来过大的负担。

在主题选定后，老师应指导学生明确写作的目的和体裁。这篇文章是说明文、记叙文、描述文还是议论文？对于更有经验的写作者，可以结合多种结构，但对经验较少的写作者来说，应坚持使用单一结构。关于上述不同类型文章的更多信息，详见第5章。

2.撰写论点陈述

论点陈述是整篇文章的核心陈述，它的作用类似于段落中的主题句，传达文章的中心思想。论点陈述应该以完整句的形式写在过渡提纲的顶部，在过渡提纲中，论点陈述和结论陈述是仅有的两个完整句。

构建论点陈述需要学生理解他们即将在作文中阐述的主要观点，以及明确文本结构。同时，他们还必须能够将自己的论点概括为一个简洁的句子，避免过于详细。

例如，学生蒂雷尔草稿的论点陈述可能让你想起自己学生的写作方式：

In this essay, I am going to tell you about the many effects of the Civil War.

蒂雷尔点明了主题，但我们并不清楚他具体要讲述什么。

为了让学生更清楚地表达他们的写作计划，可以引导他们构建一个明确的发展计划（Plan of Development）式论点陈述。这意味着论点陈述不仅要能展示文章的主要观点，还要按照文章的顺序来呈现。发展计划为后续的提纲提供了明确的方向。

在老师的指导下，蒂雷尔修改了他的论点陈述，加入了一个发展计划：

The economic, social, and political effects of the Civil War lasted for generations.

图9.4展示了蒂雷尔的论文陈述及其发展计划的过渡提纲，涵盖经济、社会、政治三个方面。蒂雷尔的论点陈述表明，文章的下一段将讨论美国内战的经济影响，接着是社会影响，最后是政治影响。

当学生刚开始学撰写论点陈述时，告诉他们可以参考已经学过的3种策略：

陈述句：

The economic, social, and political effects of the Civil War lasted for generations.

从属连词：

Although the Civil War lasted only four years, its impacts on the economic, social, and political structures of the United States were enormous.

同位语：

The Civil War, a turning point in the country's history, had major economic, social, and political effects.

学生可以选择不添加发展计划，这样他们就能尝试多种不同的结构。例

过渡提纲

姓名：蒂雷尔　　　　　　　　　　　日期：＿＿＿＿＿＿

主题：Effects of the Civil War

论点陈述：The economic, social, and political effects of the Civil War lasted for generations.

中心思想	细节
1. economic ↓ TS	
2. social ↓ TS	
3. political ↓ TS	

结论句：＿＿＿＿＿＿＿＿＿＿＿＿＿＿＿＿＿＿＿＿＿＿＿＿

图9.4　过渡提纲示例

如，论点陈述可以简洁地概括为：

Theodore Roosevelt's presidency marked the beginning of the United States as a world power.

文章接着可以深入探讨这一观点的具体实例——比如巴拿马运河、罗斯福推论等。

你或许会发现，为学生提供一些不同的写作方法示例对他们非常有帮助，这样他们在撰写论文时便能有所参照。

个人见解：

It is urgent that problems associated with rising sea levels as a result of climate change be addressed worldwide.

建议或指导：

There are several strategies to combat the effect of rising sea levels.

结果预测（因果分析）：

If climate change is not addressed globally, coastal cities will be in danger.

阐释（通常针对小说或诗歌）：

John Knowles's widely read coming-of-age novel, *A Separate Peace*, presents themes of friendship, envy, and the effect of social class on relationships.

对比与对照：

There are significant differences between the candidates regarding their positions on education.

即便缺乏明确的发展计划，学生也能依据论点以确定不跑题。文章的每个段落都应紧扣论点陈述的主题。

3.构建中心思想框

过渡提纲左侧栏的标题是"中心思想"。这些中心思想框用于简要概述每个段落的主题。

与单段落提纲不同,过渡提纲不要求学生详细撰写每个段落的主题句,但建议在每个"中心思想框"中记下"T. S.",以此提醒他们在起草时加入主题句。

这种方法有助于学生避免内容重复,同时确保每个段落都紧扣文章主题。

不同类型的文章对正文段落的中心思想有不同的要求,以下是一些常见的文章类型示例。段落的排列顺序和数量一般根据作业的具体类型而定。

传记类
论点陈述
- 早期生活
- 主要成就
- 遗产与影响

结论陈述

书评类
论点陈述
- 摘要
- 观点

结论陈述

原因/结果
论点陈述
- 原因
- 结果

结论陈述

问题/解决方案
论点陈述
- 问题
- 解决方案

结论陈述

比较和对比

论点陈述

- 相似点
- 不同点

结论陈述

重大事件类

论点陈述

- 背景
- 事件
- 影响

结论陈述

4. 细节拓展

细节框位于提纲的右侧。学生可以使用关键词、短语、缩写和符号在框内虚线上记笔记,以此构成正文段落的基础。学生应具备足够的背景知识,为每个段落至少提供3个细节。

明确告诉学生,他们应该以笔记的形式记录每个段落的细节,不用写下完整的句子。虽然学生在制定过渡提纲时需要安排段落的顺序,但在这个过程中,细节的具体顺序并不是最关键的。学生可以在写草稿时再修改提纲或更改细节的顺序。

5. 撰写结论陈述

结论陈述的作用是重述和强化文章的论点。结论陈述的一般功能如下:

- 总结
- 提供解决方案或建议
- 提出问题
- 论证立场
- 阐述观点

以下是一些可能的结论陈述示例,以及同一篇文章的论点:

示例1:

论点陈述:

The economic, social, and political effects of the Civil War lasted for generations.

结论陈述（总结）：

In summary, the impact of the Civil War was felt for many years after the fighting ended.

示例2：

论点陈述：

If climate change is not addressed worldwide, coastal cities will be in danger.

结论陈述（解决方案或建议）：

To conclude, nations must work together to prevent rising sea levels from causing widespread destruction.

示例3：

论点陈述：

Theodore Roosevelt's presidency saw the development of the national parks.

结论陈述：

One of Theodore Roosevelt's most important legacies was his approach to conservation.

学生不需要为多段落文章中的每个段落都撰写结论陈述。

利用过渡提纲写文章

将过渡提纲转换为草稿应该是一个高效的过程。通过这种方法，学生会清楚地知道他们的主题、他们想要表达的基本内容，以及表达的顺序。在起草和修改的过程中，他们可以集中精力构思清晰、有趣且多变的句子——包括正文段落的主题句——并使用过渡词创建一篇连贯有效的文章。

当学生着手修改他们的草稿时，坚持进行句子层面的练习与长篇写作相结合所带来的益处便显而易见。这些练习将继续帮助学生掌握并运用策略，比如调整句子类型，以及融入目标读者可能关注的信息。学生可能还需要引用文本中的证据并整合引文。

使用过渡词连接段落

过渡词可以增强长篇写作的连贯性和流畅性。学生在将过渡提纲转换为文章草稿并进行修改时，提醒他们使用过渡词连接段落。实际上，几乎所有他们学过的连接句子的过渡词也可以用来连接段落，参见附录C"过渡词/词组"。

例如，学生正在写一篇对比红细胞和白细胞的文章，并且她已经写了一个关于红细胞的段落和一个关于白细胞的段落，她可以使用一个表示转折的过渡词来创建这两个段落之间的联系：

> *Red blood cells carry respiratory gases throughout the body. These cells lack a nucleus, which means that there is room inside each cell for more of a pigment called hemoglobin. Hemoglobin gives red blood cells their color and is responsible for carrying oxygen around the body. Red blood cells also transport carbon dioxide.*
>
> **On the other hand,** *white blood cells fight infection. These cells circulate throughout the bloodstream and tissues to attack unknown organisms that may cause an illness or injury. Unlike red blood cells, white blood cells have a*

nucleus.

整合引用

在撰写较长的文章时,我们不仅鼓励学生引用文本中的证据,还鼓励他们直接引用文本。

在学生创建提纲时,你应该教他们如何标注引文的页码和出处。如果他们使用多个来源,则还需要注明作者。

学生经常会在没有提供任何上下文、引言或出处的情况下使用引文。此外,学生选择某些引语的原因通常也不明确。他们可能认为其意义和相关性是显而易见的,或者他们也没有完全理解这些引文。有时,学生只是为了证明他们读过相关内容而插入引语,而不是为了支持他们正在论证的观点。

要想让学生有效地使用引文,你必须教他们如何选择他们想要引用的文章,以及如何将该文本自然地融入写作中。他们需要回答如下几个问题:

这段引文是什么意思?

这段引文是谁说的?

这段引文如何支持我正在阐述的观点?

理解引文

为确保学生能真正理解他们引用的词语,你可以要求他们释义引文。例如:

引文:"Human suffering anywhere concerns men and women everywhere."

释义引文:No matter where suffering happens and who is affected, it has an impact everywhere and on everyone.

学生只有做到了这一点,才能确保自己知道引文的来源,以及该来源或发言者是否可靠。然后他们可以自问引文是否支持他们要表达的观点。如果是，那么他们便可以在单段落提纲的相应位置加上引文来源和页码。

确定值得注意的内容

向学生解释，引文并不是越长越好，明白这一点对写作很有帮助。一个简洁的短语可能比一段长篇讨论更有说服力。

学生也不一定必须直接引用引文。释义引文的效果通常也不错。然而，即使引用的内容被释义，学生也应该注明其参考的引文出处。

引文应选择那些特别值得注意或引人注目的内容。在学生尝试自己选择引文之前，可以考虑由老师引导他们如何识别哪些是值得注意的引文。

介绍引文

学生在确定了一个恰当的引文后，需要学习如何将其融入自己的写作中。

可以使用以下短语来介绍《他们说/我说》(*They Say/I Say*)这本书的引文：

Jones states, "_____"

As the author of the article argues, "_____"

According to Jones, "_____"

作者还建议在引文之后添加一个解释。例如：

In other words, Jones is saying _____.

Therefore, according to the author, _____.

Jones's point is that _____.

一级水平教学示例

According to Helen Keller, "The best and most beautiful things in the world cannot be seen or even touched. They *must be felt with the heart."* Her point was that even though she was blind and deaf, she was still able to experience the most meaningful parts of life.

二级水平教学示例

对于能力更强的学生来说,他们可能会引用一手资料或历史文献,这种情况下,正确地铺垫和转述引用尤为重要。读者可能并不总是清楚引文的出处,尤其是当语言复杂或古老时,他们可能不明白其含义。

The Declaration of Independence states, "But when a long train of abuses and usurpations, pursuing invariably the same Object evinces a design to reduce them under absolute Despotism, it is their right, it is their duty, to throw off such Government, and to provide new Guards for their future security." In other words, revolution is justified only when the government has carried out a sustained and deliberate campaign against the rights of the people.

教师小贴士

一定要向学生强调在写作中使用引文时,注明出处和归属的重要性。引文应该用引号括起来,或者,如果引文很长,则应该缩进作为引文区块。可以向高年级学生介绍各种引用方法,例如脚注、尾注和文内引用。最好只演示一种文献标注方式,首选MLA格式、APA格式或者芝加哥/图拉宾格式。

图9.5中的示例假设学生已经学习了苏珊·B. 安东尼(Susan B. Anthony)

和伊丽莎白·凯迪·斯坦顿。

过渡提纲

姓名：蒂雷尔　　　　　　　　　　日期：_____

主题：Women's Rights Activists

论点陈述：Susan B. Anthony and Elizabeth Cady Stanton were the driving force behind the women's rights movement.

中心思想	细节
1. Anthony ↓ TS	on the ground organizer + strategist
	attended rallies across country
	focus = right to vote/Quote: pg. 1, S. B. A. Address
	created NAWSA = powerful org. → women's rts advocate
2. Stanton ↓ TS	philosopher, thinker + commentator
	1848/Seneca Falls
	wrote speeches, books + pamphlets
	pushed for lib. divorce laws + co-ed

结论陈述：In closing, both Susan B. Anthony and Elizabeth Cady Stanton left important legacies for women's rights.

图9.5　学生的过渡提纲示例

二级学生的多段落提纲

如果你的二级学生已经练习过单段落提纲，那么他们已经熟悉了创建多段落提纲所涉及的大多数步骤。

如果他们没有练过，你应该引导他们完成这些练习，练习内容详见前文。

列提纲：

- 选择一个主题并确定目的。
- 提出一个论点陈述。
- 填写中心思想框。
- 填写细节。
- 写一个结论陈述。

起草和修改：

- 使用过渡词来连接段落。
- 添加引文。

过渡提纲和多段落提纲之间一个显著的区别是，对于后者，学生不用把论点陈述写成一个单独的句子，而是要创建一个包含论点陈述以及一般性陈述句和具体陈述句的多句引言段落。结论段也是如此。这个过程通常需要大量的指导和练习。

构建一个多段落提纲涉及6个步骤。这些步骤的顺序与图9.6中多段落提纲模板上出现的数字相对应。多段落提纲可以有三个、四个、五个或更多个段落。正如我们之前所指出的，学生不必从3个段落的多段落提纲开始练习，然后逐渐过渡到更长的提纲。段落的数量应该根据主题和内容确定。

与单段落提纲和过渡提纲一样，在期望学生独立制定多段落提纲之前，你应该多与全班一起制定多段落提纲。

多段落提纲（MPO）

姓名：_____　日期：_____

1 主题：_____

2 论点陈述：_____

_____

中心思想	细节
引言 1.	**5**
2. **3**	**4**
3. **3**	**4**
结论 4.	**6**

图9.6　多段落提纲模板

制定多段落提纲的步骤

1. 选择一个主题并确定写作目的。

2. 在提纲顶部的实线上将论点写成一个完整的句子。告诉学生，这是他们在多段落提纲中唯一需要写完整的句子的地方。

3. 将每个段落的中心思想作为短语或类别写在模板左侧的中心思想框中，并标注T. S.作为提醒，以便在起草时创建主题句。

4. 将支持中心思想的细节写在模板右侧栏的细节框中。

5. 使用字母G（General Statement，即一般性陈述）、S（Specific Statement，即具体陈述）和T（Thesis Statement，即论点陈述）来规划引言段落的结构。上述陈述应在完成提纲后进行。

6. 对于结论段落，将引言顺序组织为T、S和G。

步骤1至步骤4之前已经描述过，但步骤5和步骤6是新的，并且是多段落提纲特有的步骤。下一节我们将定义GST和TSG，并描述如何使用它们指导学生撰写引言和结论。

使用多段落提纲来起草和修改文章

学生需要在起草过程中构建一般性陈述和具体陈述，因此，比起过渡提纲，将多段落提纲转换为草稿更具挑战性。学生将需要进行大量练习才能掌握本节中描述的准备练习。

记得提醒学生，他们应该使用过渡词/词组来连接段落，正如本章前面所讨论的那样，并自然地引入引文。

引言：GST结构

引言阐述文章的主题，旨在引起读者的兴趣。撰写引言段和结论段需要能够总结信息，并且概括的要求比仅写论点更复杂。

引言段和结论段都应该包含至少3句话。除了论点之外，学生还需要学习如何构建支持他们论点的一般性陈述和具体陈述。如《圣马丁手册》(*The St. Martin's Handbook*)所述，这个过程将产生连贯的段落，为论点提供背景。

一些老师可能认为GST格式会让学生的引言过于公式化。但事实是，大多数成长中的作家实际上非常需要这样一个公式来帮助他们构建连贯的引言段和结论段。在经验丰富的作家撰写的复杂文章中我们也能看到这种技巧的应用。

根据《圣马丁手册》，引言段应该按以下顺序展开：

1. 第一句话：一般性陈述（G）

There are books that were written decades ago that are relevant today because of their timely themes.

2. 第二句话：具体陈述（S）

The Great Gatsby has fascinated readers over the years because of its focus on extreme wealth, unbridled materialism, and the decay of social and moral values.

3. 第三句话：论点陈述（T）

Although the book was published in 1925, the characters, the setting, and the conflicts resonate with present-day readers.

使用GST格式可能具有一定的挑战性。即使是有经验的学生也可能需要额外的支持才能想出一般性陈述和具体陈述。老师可以为他们示范或指导他们完成这个过程。

GST：课堂示例

杰克逊老师以纳尔逊·曼德拉（Nelson Mandela）为主题，首先要求她的10年级学生想出一个关于该主题的论点陈述。经过一番讨论，全班得出的结果如下：

Nelson Mandela is remembered for his role in the abolition of apartheid and his election as South Africa's first Black president.

在与全班一起完成文章的中心思想和细节框后，杰克逊老师问学生，他们认为曼德拉属于哪个类别。一个学生说："freedom fighters"（自由战士）；另一个说："civil rights activists"（民权活动家）；第三个学生说："people who had a big effect on history"（对历史有重大影响的人）。杰克逊老师选择了第三种说法，于是全班一起写道：

During the 20th century, certain individuals had a significant impact on history.

杰克逊老师告诉全班，这可以作为他们的一般性陈述。"现在，"她说，"我需要缩小范围，想出一个具体陈述，也许可以将曼德拉放在一个特定的地方。"学生想到了"南非"。杰克逊老师要求他们尝试使用同位语写一个具体陈述。在比较了不同的表达方式后，全班给出了以下结果：

Nelson Mandela, a leader in the struggle for equal rights for all citizens, brought great change to South Africa.

然后，全班将这3句话融会贯通，遵循GST格式构建了一个引言段落：

During the 20th century, certain individuals had a significant impact on history. Nelson Mandela, a leader in the struggle for equal rights for all citizens, brought great change to South Africa. Mandela is remembered for his role in the abolition of apartheid and his election as South Africa's first Black president.

以下是另外两个遵循GST格式构建的引言段落示例。粗体字表示嵌入论点陈述中的发展计划的元素。

书评

(G) Only a few of the countless books published each year become classics. (S) William Golding's novel about a group of British schoolboys stranded on an island after a plane crash has been required reading in many schools for decades. (T) Lord of the Flies has intrigued readers because of its **plot, characters,** and **the lessons** that can be learned from this compelling tale.

重大事件

(G) All of the great presidents have a signature achievement that profoundly affected future generations. (S) The acquisition of the Louisiana Territory from France is considered by many to be Thomas Jefferson's outstanding accomplishment. (T) As a result of the Louisiana Purchase, he significantly **increased the size of the United States, extended its borders,** and **opened up new trade routes.**

编写一般性陈述、具体陈述和论点陈述

老师在教学生如何发展一般性陈述、具体陈述和论点陈述上投入的时间将根据学生的能力以及他们正在学习的内容的复杂性而有所不同。

以下几种类型的练习应该在让学生独立尝试之前，先与整个班级经常进

行模拟和练习。以下练习按其介绍顺序排列。

1. 给定主题时，写出论点陈述（T）

要求：为给定的主题写出论点陈述（T）。

主题：拿破仑的影响

T: Napoleon's impact on France had both positive and negative aspects.

2. 区分一般性陈述（G）、具体陈述（S）和论点陈述（T）

要求：通过写G、S或T来识别一般性陈述、具体陈述和论点陈述。

S　In 1936, an athlete impressed spectators at the Berlin Olympics with his skill and talent.

T　Jesse Owens, a formidable Black track and field star, is remembered for shattering world records.

G　Many Olympians have made a significant impact on their sport.

3. 给定G和T时，写出S

如果学生在写具体陈述方面有困难，你可以建议他们尝试回答一个或多个疑问词（who, what, when, where, why 以及 how）。或者你也可以要求他们添加同位语。以下示例假设学生已经阅读了《莉迪》（*Lyddie*）这本书。

要求：为给定的一般性陈述（G）和论点陈述（T）写出具体陈述（S）。

G: People often have different ideas of how to define "fairness".

S: *Diana and Lyddie, two characters in Katherine Paterson's novel Lyddie, have differing points of view.*

T: Although Diana is radical and tries to entice other factory workers to sign a petition, Lyddie does not agree with Diana's perspective until the very end of the novel.

4. 给定T时，写出G和S

要求：为给定的论点陈述（T）撰写一个一般性陈述（G）和一个具体陈述（S）。

G: An invasive species is an organism that is not native to a particular area.

S: In the Florida everglades, the Burmese python has been wreaking havoc on native animal populations since it was first introduced to the area in 1994.

T: Although these enormous reptiles continue to pose a problem for this once-thriving ecosystem, scientists in Florida are developing methods to reduce their numbers.

5. 增加引言段中的句子数量

随着学生变得更加熟练，没有必要将他们的引言限制在三句话。一般情况下，第四句或第五句也可以是具体陈述，通常是事实或统计数据。

要求：增加一个具体陈述（S）。

G: As the United States grew in industrial and economic power, two controversial figures emerged.

S: By the end of the 19th century, Andrew Carnegie controlled almost the entire steel industry and John Rockefeller's Standard Oil Company controlled 90% of the refining business.

S: <u>Both men made tremendous philanthropic contributions that made them heroic in the views of many.</u>

T: However, there have been debates about whether these early builders of big business in America should be considered "robber barons" or "captains of industry".

构建结论

与过渡提纲中的结论陈述一样，多段落提纲中的结论段旨在重述和强化文章的论点。它应该至少实现与过渡提纲结论性陈述相同的目标之一，例如提供总结、解决方案或建议。

结论段的结构与引言段的结构相反：结论段遵循TSG结构，而非GST结构。论点陈述应被改写为第一句话而不是最后一句话。

请仔细看以下关于帝王蝶引言段和结论段的示例，它们分别遵循GST和TSG结构。

第9章　步入文章阶段：过渡提纲和多段落提纲

引言段：

The migration of the monarch butterfly has always been fascinating to scientists. However, there are both habitat and environmental factors that pose threats to this favorite flying insect. Even though historically the monarch butterfly population has come back from challenges that have threatened its existence, recovering from the use of pesticides, climate change, and development may be more problematic.

结论段：

Although monarch butterflies have bounced back from past threats caused by nature, the hazards caused by people may be too monumental for this popular butterfly population to overcome. Concerns about the future of the monarch are valid and serious. It is imperative to address the dangers confronting this remarkable butterfly before it becomes extinct.

提醒学生，文章最后几个词通常对读者影响最大。因此，结论段应该包含文章的关键。紧随第一句话——也就是改写的论点陈述之后，学生应接着写下与引言段不同的具体陈述和一般性陈述。两者都应该对那里出现的具体陈述和一般性陈述进行扩展。如果学生在改写三种类型的陈述转成结论段方面有困难，你可以提供一些引言段示例，让他们练习将引言段改写成结论段。

图9.7和图9.8是一个完整的多段落提纲及文章示例。

多段落提纲

姓名: 蒂雷尔　　　　　　　**日期**: _____

主题: Primary Causes of American Revolution

论点陈述: The Intolerable Acts and the Stamp Act were crucial in the decision to declare war on Great Britain.

中心思想	细节
引言 1.	G S T
Intolerable Acts 2. ↓ TS	1774: 4 laws/punish MA for Boston Tea Party denied MA rt to govern itself blockade Boston harbor/elim fair trials unified colonists First Cont. Congress.
Stamp Act 3. ↓ TS	GB raises $$/tax for all printed paper Sons of Liberty/Patrick Henry VA Resolves Taxation w/o representation repealed yr later
结论 4.	T S G

图9.7　多段落提纲示例

标题：Two Primary Causes of the American Revolution

The factors that led to the American Revolution have been described by countless historians. There were multiple events that played a role in the colonists' rebellion, but two are especially important. The Intolerable Acts and the Stamp Act were crucial in the decision to declare war on Great Britain.

In 1774, the British wanted to make an example of Massachusetts after the Boston Tea Party. As a result, the Intolerable Acts, a group of four acts, were passed. They denied Massachusetts the right to govern itself. In addition, Boston Harbor was blockaded, and fair trials were prevented. Finally, the last act applied to all the colonies, not just Massachusetts. British troops were ordered to be stationed at more convenient locations and the expenses were to be paid by the colonies.

In 1765, the Stamp Act was intended to raise money from the colonists by taxing all printed paper, even playing cards, but it was enacted without the approval of their assemblies. The colonists believed they should have the same rights as the English. Patrick Henry's publication attacking the act, Virginia Resolves, was widely read. The phrase "taxation without representation" became popular.

The Intolerable Acts and the Stamp Act were primary reasons for the American Revolution. As a result of the burdens these acts placed on the colonists, their fury grew. Their anger eventually led to a strong desire for independence from Great Britain.

图9.8 根据多段落提纲完成的文章示例

过渡提纲和多段落提纲练习的差异化教学

上述任何一项练习都可以帮助那些对学习过渡提纲和多段落提纲有障碍的学生。以下是一些你可以用来提供额外支持的建议：

- 过渡提纲：为学生提供论点陈述和结论性陈述。
- 过渡提纲和多段落提纲：为学生提供论点陈述，以及中心思想栏的单词/词组。
- 过渡提纲和多段落提纲：为学生提供第一个主体段落的中心思想和细节。
- 多段落提纲：为准备好进行多段落提纲练习的二级学生提供论点陈述，和/或他们可以在引言和结论中使用的一般性论述或具体陈述。

适应过渡提纲和多段落提纲：过渡前提纲

对于那些还没有准备好使用过渡提纲或多段落提纲格式的学生，尤其是小学生，我们建议使用单段落提纲和过渡提纲的混合体，即过渡前提纲（PTO），过渡前提纲能够帮助他们开始思考多段落提纲和文章的要求。与过渡提纲一样，学生在制定过渡前提纲时应首先选择主题，然后完成论点陈述。与过渡提纲不同，在过渡前提纲中，学生要为每个段落写出完整的主题句；但是，他们不需要为每个段落添加结论陈述。过渡前提纲的结尾句是一个释义论点陈述的结论性陈述。

过渡前提纲最好只有两到三个段落，包含三个或四个细节。第四个细节写在括号中，表示它可以根据不同主题作为可选项候选。具体内容见以下完成的过渡前提纲的示例（另见附录Ⅰ）。

掌握过渡前提纲的编写技巧后，学生便能顺利过渡到直接使用过渡提纲。鼓励学生尽早熟悉过渡提纲，因为它与多段落提纲相辅相成，能让学生在撰写涉及主题更复杂、更详细的长篇论文时更加得心应手。

研究论文

培养学生高效的研究能力具有一定的挑战性，但同样至关重要。如果学生未能掌握如何深入研究一个主题，他们可能会基于不可靠的或完全错误的信息在项目中投入大量精力，导致事倍功半。

学生在寻找资料时，很容易误入看似权威却充满错误信息的网站。他们也可能将网上的个人观点误认为事实，或在海量信息中迷失方向。

老师要确保学生在项目进行期间，无论时间长短，都能保持正确的研究方向。学生在确定主题后，最好制定详细的计划，明确每个阶段的截止时间：收集资料、构建论点、整理参考文献、记录和整理笔记等。学生在进入下一阶段前，最好先获得你对该阶段成果的审核与批准。

关于如何指导学生进行网络研究的深入讨论超出了本书的范畴，但我们想提供一些基本建议。同时，我们还推荐阅读斯坦福大学研究人员在《美国教育家》(*American Educator*)杂志上发表的文章《比假新闻更大的挑战：社交媒体时代的公民推理》(*The Challenge That's Bigger than Fake News: Civic Reasoning in a Social Media Environment*)。

网上冲浪——但请做好安全措施

就像你为TWR方法里的练习制定计划一样，你也需要为班级示范在线搜索的过程。告诉学生，他们在网络上搜寻信息和证据时，要遵循以下指导方针和搜索建议，这些建议摘自《美国教育家》杂志和《教育周刊》(*Education Week*)关于教授在线研究技能的文章：

- 使用精确的关键词进行在线搜索。例如，搜索"Kennedy assassination"

过渡前提纲

姓名：_____ 日期：_____

主题：_____

论点陈述：Susan B. Anthony and Elizabeth Cady Stanton were the driving forces behind the women's rights movement.

T. S. Susan B. Anthony, an activist in the women's suffrage movement, is considered a national icon.

1. on the ground organizer + strategist

2. attended rallies across country

3. focus = right to vote / quote: pg. 1 S. B. A. Address

(4.) created NAWSA = powerful org. → women's rts advocate

T. S. Elizabeth Cady Stanton, one of the first leaders to demand equal rights for women, was an influential suffragist.

1. philosopher, thinker + commentator

2. 1848/Seneca Falls

3. wrote speeches, books + pamphlets

(4.) pushed for lib. divorce laws + co-ed

结论陈述：In closing, both Susan B. Anthony and Elizabeth Cady Stanton left important legacies for women's rights.

图9.9 过渡前提纲示例

可能会同时得到关于John F. Kennedy和Robert Kennedy遇刺的信息，而不只是其中某一个人的信息。

- 利用特定词汇和符号来优化在线搜索结果。
- 为搜索词加上双引号，以获得完全匹配的结果。
- 在搜索词之间加入"AND"来获取同时涉及两个主题的结果。
- 输入空格后添加一个减号，以排除特定词汇的含义（例如，一个学生如果想了解关于Australian Outback的信息，但不想看到与Outback car相关的结果，他可以输入"Outback-car"来排除与Outback car相关的搜索结果）。
- 检查网站的网址是否以.com、.gov或.edu结尾。通常，与政府机构（.gov）或教育机构（.edu）相关的网站比个人网站更可靠。但要提醒学生，.org域名现在可能是以使命为导向的组织机构，已不再是可靠性的标志；几乎任何组织都可以注册该域名。
- 以批判的眼光评估网站。学生应该提出一些问题，比如：这篇文章是谁写的？作者的观点是什么？谁赞助了这个网站？是否有链接和引用其他来源来证实信息？仅仅在网站内部提出这些问题可能不够，他们还需要查看其他来源对该网站的评价。
- 不要只打开搜索结果呈现的第一个链接。继续向下浏览，检查网址以及每个结果后面的描述，寻找可靠性的线索。
- 使用维基百科。尽管许多教育工作者告诫学生远离维基百科，但如果你懂得如何正确使用，它仍然是一个有用的资源。学生应该学会查看维基百科文章的讨论页面，查看关于争议话题的辩论，同时利用词条末尾的参考文献作为进一步研究的起点。

汉密尔顿老师的洞察是正确的：她5年级的学生在考试的书面回答部分成绩并不理想。第二年，她决定尝试一种新方法。她教授学生句子层面的写作策略，以及如何制定单段落提纲和过渡提纲。

春季学期，她像往常一样，竭尽全力帮助学生准备考试中的写作题目。尽管学生仍然需要应对阅读材料中的陌生内容，但她希望，至少他们现在掌握了写作技巧，能够作出连贯的回答。

考试前夕，她给学生看了一篇关于太空探索的文章，这是学生没有在课堂上接触过的主题。"根据这篇文章，"她在黑板上写道，"探索外太空面临的最大挑战是什么？"随后，她分发了空白纸张。

几乎所有学生都迅速投入任务。但他们并没有立即动笔。他们没有依赖模板，而是以黑板上的题目为指导自行制定了大纲，明确了主题，并在下方写下了一个主题句。

大多数人写下了"There are several significant challenges to exploring outer space"，有些学生则概述了一个发展计划。例如，一个名叫马利克的男孩写道："The most significant challenges to exploring outer space are radiation, the lack of gravity, and the distance from Earth."

接着，学生为中心思想和细节绘制了框架，并填充内容。在底部写下结论性陈述后，学生才开始动笔，将大纲转化为草稿。

汉密尔顿老师感到一阵释然。她确信，当她的学生在今年的考试中遇到写作题目时，他们不再是束手无策或茫然失措。他们知道如何应对。

第 9 章　步入文章阶段：过渡提纲和多段落提纲

总结

- 在着手编写过渡提纲之前，学生需要积累足够的经验，包括如何制定主题句、以笔记形式记录支持性细节，以及如何构建连贯的段落。
- 对于一级学生以及能力稍弱的二级学生，他们应该在一开始利用这些技能创建简单的过渡提纲，涵盖三到四个段落，适用于书评、传记或科学、地理等主题。
- 可以通过示范来引导学生了解如何创建过渡提纲或多段落提纲。
- 在学生学习制作过渡提纲和多段落提纲的过程中，应由老师为他们指定主题；更有经验的学生可以在老师指导下自行选择主题。
- 向学生提供与他们正在构建的提纲类型相匹配的论点陈述示例，并在适当时鼓励他们添加一个可以映射文章结构的发展计划。
- 指导学生以笔记形式填写提纲中每个段落的中心思想和相关细节。
- 为了帮助二级学生撰写多段落提纲的引言段，教师可以向他们介绍GST公式，即一般性陈述、具体陈述和论点陈述。让他们练习区分这3种类型的陈述，然后试着撰写GST结构段落。
- 引导学生将GST结构反转为TSG以完成结论段。
- 鼓励学生将他们完成的过渡提纲和多段落提纲转化为草稿，并通过改变句式、融入引文（如果有）以及使用过渡词来连接段落和句子，从而完成对草稿的修改。
- 如果二级学生的多段落提纲需要进行独立研究，指导他们为每个步骤制定一个带有明确截止日期的时间表。

讨论

1. 为何在撰写文章前制定提纲是不可或缺的步骤？
2. 学生在着手长篇写作时，应掌握哪些关键技能？
3. 制定过渡提纲的步骤有哪些？
4. 论点陈述中的发展计划是什么？
5. 在刚开始教授学生如何制定过渡提纲和多段落提纲时，哪些主题较为适宜？
6. 哪些练习能够有效帮助学生理解引文并利用引文强化文章中的论点？
7. 描述引言段落的GST结构。
8. 以手机为主题，撰写一个包含G、S和T的段落。
9. 列举一些你可以用来教授学生如何发展一般性陈述、具体陈述和论点陈述的练习。
10. 由多段落提纲发展而成的文章，在引言段和结论段之间存在哪些相似之处和差异？

第10章

明确立场：
撰写观点文、正反论证与议论文

简内利（Giannelli）老师非常熟悉适用于7年级学生的写作标准。她明白，学生必须能够撰写出理由充分且有证据支撑的议论文，并能承认对立观点。在网络搜索议论文写作题目要求时，简内利老师发现了不少适合中学生的素材。于是，她决定让学生从以下3个话题中选择一个进行写作：

- Should cell phones be allowed at school?
- Should students have homework on weekends?
- Should exotic animals be kept in captivity?

简内利老师深知学生对前两个议题会有很多自己的想法，同时她预料到第3个问题会激起班上动物爱好者的兴趣。为了引导他们探索自己不太熟悉的领域，她提供了网上的两句话作为引子："许多野生动物在人工饲养的环境下寿命更长。然而，许多人认为这并非它们理想的生活状态。"

学生挑选主题时，简内利老师欣慰地感受到空气中洋溢着兴奋的窃窃私语。大约半小时后，她决定查看他们的进展。

一些学生在写下一两句话后似乎陷入了僵局——尤其是那些选择探讨圈养动物问题的学生。大多数人反对圈养动物，但除了坚信动物会感到不快乐，他们想不出其他理由。

选择其他主题的学生虽然写得更多，但内容并非简内利老师所期待的。阿里的文章就是一个典型例子。她强烈反对周末布置作业，但她提出的理由

> 完全基于个人感受。她解释说，每到周五放学她都感到非常疲惫，并列举了她平时想要在周末参与的所有活动。简内利老师认为这些理由不足以构成"证据"。阿里也没有考虑到其他人可能认为周末作业有益，更没有提出这些支持者可能的论点，并尝试予以反驳。
>
> 写作标准的要求很明确，但同样明确的是，简内利老师的学生目前尚未达到这些要求。她现在面临的挑战是，如何帮助他们提升到这一水平。

为满足写作标准的要求，老师经常会布置观点文或议论文作业。就连3年级这样年幼的学生，也被期待着提出自己的见解，并说服读者接受自己的观点。到了6年级，他们要学会用证据来支撑自己的主张；而到了7年级，他们应该能够认识到并承认对方观点的合理性。但我们发现，即使是高年级的学生，如果未能掌握恰当的语言和结构，写这类文章时总是会遇到困难。

在引导学生练习议论文写作时，应选择那些存在争议的议题。如果可能，这些议题应与学生正在学习的内容相结合。观点文或议论文写作常被看作一个独立领域，似乎只能通过让学生就课程之外的话题——比如校服的利弊——来发表并捍卫自己的观点。但选择学生已经熟悉的主题是加深和巩固他们对内容理解的有效途径。无论你教授哪个年级，都应密切关注课程中适合进行正反论证的议题。例如，学生可以探讨乘坐有篷马车向西迁徙的利弊，分析某本书或某个人物的优缺点，或者讨论二战期间对日本使用原子弹的正当性。

长期采用霍克曼方法教学，学生会逐步掌握构建有效论证所需的技能：

- 通过运用"because""but"和"so"等连接词，学生能够学会如何将论点（Claim）与证据相联系，提出反驳（Counterclaim），并描述因果关系。

- 利用"while""although"等从属连词,以及"however""on the other hand"等过渡短语,让学生在提出自己观点的同时,引入对立观点。
- 以一个明确的立场为核心来扩展句子,有助于培养学生清晰表达观点的能力。
- 过渡词的运用有助于呈现并评估理由、证据和论点。
- 制定主题句有助于学生明确他们在论证中想要强调的观点。
- 总结能提升学生简洁描述双方观点的能力。
- 通过创建单段落提纲(支持或反对)、过渡提纲和多段落提纲,学生能学会有逻辑地组织论点和证据。
- 在修改过程中融入引文和释义,可以教会学生有效地引用证据支持论点。

然而,正如本书所强调的,只有当学生充分理解他们所写的内容时,这些策略才能真正帮助他们写出优秀的文章。这一点对于议论文写作,以及其他任何类型的写作都同样适用。

议论文写作准备

学生学习议论文写作通常需要掌握3种不同风格的段落和文章:

- 观点文:作者力图说服读者接受自己的观点。观点写作是最基础的写作形式,一般用于小学课程。
- 正反论证:作者探讨问题的两个方面,并为每个观点提供支持证据,但自身不表明立场。
- 议论文:作者不仅展示双方的论据,还要判断哪方更有力,并支持自己认为正确的一方。

观点文和正反论证是通往议论文这座高峰的阶梯——议论文是这3种写

作中最富挑战性的。在撰写观点短文时，年纪较小的学生会学习如何列举支持自己观点的理由。而在撰写正反论证的主体段落时，他们会学习如何陈述对立观点，并展示支持这些观点的证据。即使他们内心倾向于另一方，也需要练习暂时搁置意见，尝试从对方的角度思考问题——这种能力在他们转向议论文写作时尤为重要，因为那时他们需要公正地概述对立观点。

> **为什么练习写观点文、正反论证和议论文？**
> - 培养分析和逻辑思维能力。
> - 帮助学生区分可靠来源和不可靠的信息来源。
> - 提高组织能力。
> - 教学生有效地引用文本证据。
> - 培养评估和排序强弱论点的能力。
> - 强化学科知识和词汇知识。

在写作之前先计划和列提纲至关重要，这不仅能加深学生对内容的理解，还能加强他们对知识的掌握。此外，与其他提纲策略一样，无论学生能否完成最终作品，这些好处都是可以累积的。

句子级别的练习：为论证打下基础

为帮助学生应对议论文写作中可能遇到的挑战，老师可以适当布置一些句子级别的练习，引导他们掌握议论文写作所需的技巧。通过连接词、过渡词和句子扩写练习，学生能更深入地理解课程内容，激发他们对所学内容的分析性思考。

运用连词构建论点

以下示例展示了如何借助连词帮助学生识别支持其论点的证据。

例如,当学生使用"because"时,他们必须能够找到支撑句子主干的证据。而当他们使用"so"时,则需要思考基于这些证据应采取的行动。一般来说,使用连词"but"可能更具挑战性,因为它要求学生提出相反的证据,而这为正反论证和最终的议论文写作奠定了基础。

一级水平教学示例

> **要求**:完成下列句子主干。
>
> Weather forecasts can be helpful because <u>people need to prepare for different conditions.</u>
>
> Weather forecasts can be helpful, but <u>they are not always accurate.</u>
>
> Weather forecasts can be helpful, so <u>it is important to check them regularly.</u>

二级水平教学示例

要求： 完成下列句子主干。

Genetically Modified Organisms (GMOs) should be used in agriculture because they can be engineered to resist pests, tolerate harsh conditions, and increase crop yields.

Genetically Modified Organisms (GMOs) should be used in agriculture, but there are concerns about their impact on biodiversity, their potential health risks, and the ethics of genetic manipulation.

Genetically Modified Organisms (GMOs) should be used in agriculture, so it's important to conduct ongoing research and establish regulations to ensure their safe and responsible use.

使用过渡词引出论点及其证据

过渡词可以引导句子，为它前后两个句子创建连接，或者连接一个句子里的不同思想。当用于段落的开头或结尾时，过渡句可以强调一个主题或观点，将段落中的各个句子紧密联系起来。当然，为能在多段落文章中平顺连接各个段落，应该而且必须谨慎使用过渡句。关于过渡句的功能详见第9章。

所有5类过渡词/词组都可以帮助呈现和评估理由、证据和主张（见附录C）。学生可以学习使用以下类型的过渡词：

• 时间和顺序过渡词，例如"in addition""moreover""finally"，用于列出理由和主张。

• 说明过渡词，例如"for example""specifically"，用于提供一个一般性主张的例子或引出证据。

- 强调过渡词，例如"most important""moreover""certainly"，用于突出最重要的事实或强调论点。
- 转折过渡词，例如"however""although""in contrast"，用于引出或承认相反的论点。
- 结论过渡词，例如"thus""in the end"，用于总结论点。

转折过渡词在引出对比的观点、例子或论证时尤其有用。它可以出现在句子的中间，例如"but"，也可以出现在新句子的开头，例如"however"。当一段文字专门用来阐述一个观点，而下一段文字用来提出相反的观点时，你可以告诉你的学生，他们可以使用转折过渡词组，例如"on the other hand"，来引出第二段。

另一种类型的转折过渡词，从属连词，在正反论证或议论文的论点陈述中尤其有用。比如，如果学生以"although"和"while"等词来开始他们的论点陈述，表示他们承认两个相反的观点。这样也可以避免他们使用第一人称（比如"I believe"），削弱论点的权威性。

提升议论文写作技巧的句子扩写练习

句子扩写是提升议论文写作技能的另一种有效的句子层面的练习。它涉及向学生提供一个核心句——一个简单、主动、陈述性的单动词句子——以及帮助他们扩展句子的疑问词。要将句子扩写练习转化为议论文写作练习，你需要将提供给学生的核心句转化为表达特定观点的句子。以下是基于《献给阿尔吉侬的花束》书中内容的练习示例：

> **要求**：扩写核心句。
>
> His life greatly improved.
>
> Who?   Charlie
> When?   after experimental surgery
> Why?   intelligence ↑
>
> EXPANDED SENTENCE: After the experimental surgery, Charlie's life greatly improved because his intelligence increased.

你也可以提供一个观点相反的核心句。例如：

> **要求**：扩写核心句。
>
> His quality of life declined.
>
> Who?   Charlie
> When?   after experimental surgery
> Why?   lost friends → lonely
>
> EXPANDED SENTENCE: After the experimental surgery, Charlie's quality of life declined because he lost his friends and became lonely.

结合使用句子级练习

一级水平教学示例

科尔老师的2年级学生最近在探讨动物在动物园圈养与在自然栖息地生活的利弊。为了帮助学生更好地理解这场辩论并锻炼他们的写作技巧，科尔老师提供了一些句子框架，要求学生基于证据有逻辑地支持动物园的立场，并解释这一立场可能带来的结果：

Zoos are good for animals because <u>they protect endangered species from extinction.</u>

Zoos are good for animals, so <u>people should continue to support them.</u>

Since many zoos educate visitors about conservation, <u>people learn to respect the environment.</u>

然后，她增加了练习的难度，要求学生站在对立面再次考虑问题：

Zoos are not good for animals because <u>animals should not be removed from their native habitats.</u>

Zoos are not good for animals, so <u>they should not be supported by the public.</u>

Since many zoos keep animals in unsafe conditions, <u>animals develop health problems.</u>

最后，科尔老师要求学生在保持中立的前提下，总结这两种立场。

Although some people believe that zoos help certain species survive, <u>others argue that animals should not be held captive.</u>

接下来，科尔老师要求学生练习在句子之间加上过渡词。尽管学生还没有准备好正反论证，但她希望他们能够体验创建观点间的联系——这是他们在起草和修改阶段必备的技能。

为此，科尔老师提供了几对无过渡词连接的句子。学生需要为每对句子选择一个合适的过渡词。为提供更多支持，科尔老师还为学生准备了一个过渡词词汇表。在最初的练习中，她提供了只需要表明一种立场（支持或反对）的句子，如下所示：

If zoos are closed, many animal species may become extinct. **For example,** the numbers of wild gorillas and elephants have decreased because of poachers.

Zoos have improved over the years. **As a result**, animals live longer in them and are healthier.

接着,她又向学生介绍了一些新的过渡词,要求学生提供具有对比性的证据,这为正反论证和议论文写作打下了基础,如:

Some people believe zoos can be good for animals. On the other hand, **critics say that animals have better lives in the wild.**

二级水平教学示例

伊达尔戈老师的二级学生正在学习关于美国前总统西奥多·罗斯福(Theodore Roosevelt)任期的历史知识,他提供了以下句子框架来培养学生的议论文写作技能:

Theodore Roosevelt has many admirers because **he established national parks and expanded national forests.**

随后,伊达尔戈老师通过引入需要学生权衡正反两方面因素的句子框架,增加了练习的挑战性,例如:

Although Theodore Roosevelt moved the United States toward becoming a world power, **critics argue that Roosevelt had imperialistic tendencies, particularly in his approach to foreign affairs.**

此外,为帮助学生区分正反论证和议论文写作,并为议论文写作做准备,他还让学生以表明立场的方式完成句子框架:

While critics of Theodore Roosevelt point to his use of military interventions and limited action on civil rights, **his accomplishments in conservation, foreign affairs, and support of workers' rights are outstanding legacies.**

伊达尔戈老师要求学生提供过渡词来连接关于罗斯福执政的句子。但他的二级学生已经掌握了相关的写作技巧,因此他没有提供词汇表,而是让学生自行判断:

Theodore Roosevelt supported a rebellion in Panama against Colombia. <u>Consequently</u>, he was criticized for interfering in the internal affairs of another country.

或者，伊达尔戈老师也可以提供过渡词，让学生补全句子：

Theodore Roosevelt supported a rebellion in Panama against Colombia. Consequently, <u>he was criticized for interfering in the internal affairs of another country.</u>

观点写作

观点写作是这类写作中最不严格的一种类型，学生只需要提出观点，而无须引入对立的论据。对于一级学生来说，一篇观点文可以仅包含一个段落。但是他们要做的并不仅是陈述自己的观点。他们需要提出理由来支撑自己的观点，即便这些理由可能源自个人经验而非确凿证据。

例如，学生可以写一篇论证狗比猫更适合做宠物的观点文。她可以谈论她的狗是多么的忠诚、温顺和听话，而不需要引入并评估反对养狗（比如它们需要散步）或支持养猫（比如它们自己会清洁）的论据。

事实与观点：区分的重要性

向学生阐明事实与观点的差异至关重要，因为这会直接影响他们未来撰写正反论证或议论文的能力。仅凭个人观点是不够的，他们需要依靠确凿的证据。

你可以从小学低年级开始就向学生介绍事实与观点的区别。例如，在我们合作的一所学校中，一位1年级老师让她的班级共同构思了一个解释为什么许多孩子喜欢夏天的观点文段落。当学生提出主题句和正文的细节时，老师便将这些细节以笔记的形式列了出来。

然后，她引导他们构思结论句，最终形成了一个类似这样的提纲：

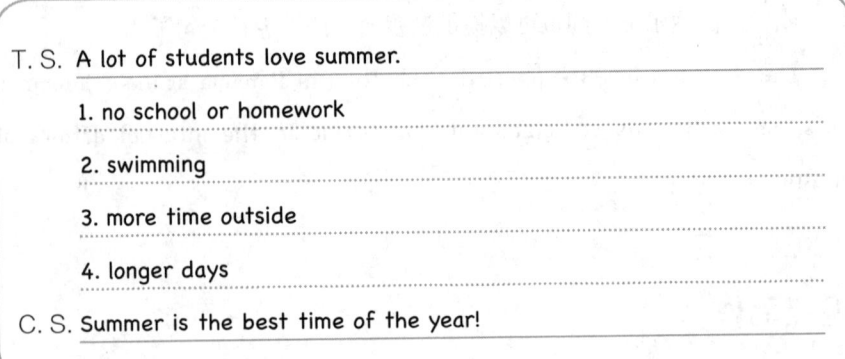

在进行类似练习时，老师可以告诉学生结论句是一个观点，而标注编号的细节则是支持这一观点的事实。

有些主题可能不适合提供超出作者个人经验的证据。比如，如果你让学生写一篇关于哪个节日最好的观点文，他们可能会根据个人喜好列出喜欢春节或国庆节的原因。为更好地帮助学生培养撰写议论文所需的技能，你需要挑选那些能基于事实进行理性辩论的主题，而学生则需要掌握他们可以用来支持自己观点的事实信息。

正反论证写作

二级学生可以开始尝试撰写正反论证——这是从观点短文向更高级别写作迈出的一大步。在正反论证中，每个主体段落要分别介绍主题的一个方面及其支持证据。例如，学生可以撰写一个支持段落，阐述亚历山大大帝的雄心壮志如何作为一种积极品质，又如何将希腊文明的精华传播到其他地区。接着，学生可以撰写一个反对段落，指出他的这一雄心如何作为一种负面品质，如何征服他国领土而带来了巨大的苦难。

正反论证文章包括引言和结论，但与议论文不同，学生在此类型文章中应保持中立，仅呈现正反双方的论点和证据。

利用正反论证单段落提纲和段落进行过渡

完整的议论文需要提出两种观点、呈现证据并进行评估，而在要求学生撰写一篇完整的议论文之前，先让他们练习规划单个段落，单段落只需概述一个观点并提供证据支持。接下来，他们可以练习规划对立观点的段落——同样，这也需要有证据支持。这些练习有助于为他们独自撰写一篇公正呈现两种观点的正反论证文章做准备。同时，这类联系还能帮助学生为完成更具挑战性的任务——撰写议论文——做好准备。在撰写议论文时，他们需要判断哪个观点更有力，并解释其原因。

在正反论证中使用"some argue"和"others say"等表达方式很重要。如果句子的后半部分仅表述为"it led him to take actions that caused a great deal of suffering"，那么作者就是在进行论证，而非中立地总结观点——这种写作风格更适合辩论性文章，而非正反论证文章。

匹配对立的主题句与细节

培养构建双向论证技巧的一个有效方法是提供两个单段落提纲，一个支持论点，一个反对论点，并且只填写主题句。在顶部列出一系列细节，以笔记形式呈现，要求学生将每个细节与相应的主题句匹配。一如既往，在首次向学生介绍这项活动时，作为示范。你要口头指导全班同学一起完成。

一级水平教学示例

科尔老师给她的学生布置了一个关于动物园的练习,如下所示。一个主题句支持动物园,另一个反对动物园。学生需要查看提供的细节清单,并将细节填写到相应的虚线上。

要求:将每个细节写在相应的主题句下。

provide food + water + shelter

captivity → animals distressed

care for injured + abandoned animals

educate visitors/conservation

small exhibits/little room to roam (e. g. , elephants)

no socializing w/ others → bored

protect endangered species → ↓ animals extinct

visitors tease animals

T. S. Zoos are harmful to animals and should be abolished.

1. small exhibits/little room to roam (e. g. , elephants)

2. captivity → animals distressed

3. no socializing w/ others → bored

4. visitors tease animals

T. S. Zoos provide benefits to both animals and people.

1. provide food + water + shelter

2. care for injured + abandoned animals

3. protect endangered species → ↓ animals extinct

4. educate visitors/conservation

二级水平教学示例

伊达尔戈老师在历史课上给学生布置了以下关于美国前总统西奥多·罗斯福的练习。

提供细节实际上是在代替学生做初步的研究工作,这样他们就可以专注

要求:将每个细节写在相应的主题句下。

conservation

not enough progress/civil rts

over-regulated business

treatment of Nat. Amer.

PR + Philippines → expansion + aggression

constructed Panama Canal

supported workers

consumer rts.

T. S. Theodore Roosevelt's presidency was flawed.

1. PR + Philippines → expansion + aggression

2. not enough progress/civil rts.

3. over-regulated business

4. treatment of Nat. Amer.

T. S. Theodore Roosevelt left a great legacy.

1. conservation

2. supported workers

3. constructed Panama Canal

4. consumer rts

决定哪些证据支持哪些论点。而在这项练习中融入课程内容也能鼓励学生进行更深入的阅读。他们需要认真思考并决定文章中的哪些细节与哪个主题句相关联。

告诉学生,他们应将最有力的论据或证据放在最后,因为结尾的内容往往对读者的影响最大。因此学生还需要判断哪些细节能够为每个论点提供最有力的支持。这种评估论点强度的练习也能让学生在撰写议论文时更好地决定自己要支持的立场。

从零开始创建正反论证单段落提纲

一旦学生熟悉了如何将细节与相应的主题句匹配,并能评估其重要性,他们就可以开始创作自己的单段落提纲了。你可以指导他们为正面和反面论证段落都撰写主题句和结论性陈述,并将支持性细节以笔记形式写在虚线上。

一级水平教学示例

科尔老师认为她的学生已经掌握了之前的练习,可以通过创建关于动物园主题的单段落提纲——一个总结支持动物园的论点,另一个则概述反对的观点——来深化他们的理解。为此,学生需要练习撰写主题句和结论句。

她的学生还在上2年级,没有学习到创建有效主题句和结论句的所有策略——句型、同位语以及从属连词。科尔老师只教了他们第一种策略,即使用4种句子类型中的其中一种:祈使句、疑问句、感叹句或陈述句。她会在学生开始填写单段落提纲之前提醒有哪些句型。

以下是由学生创作的单段落提纲示例:

> T. S. **Zoos benefit animals in many ways.**
> 1. provide food + water + shelter
> 2. care for injured + abandoned animals
> 3. protect endangered species → ↓ animals extinct
> 4. educate visitors/conservation
>
> C. S. **Zoos keep animals safe and help them survive.**

> T. S. **It is cruel to keep animals in zoos.**
> 1. small exhibits/little place to roam (e. g. , elephants)
> 2. captivity → animals distressed
> 3. could never survive in the wild
> 4. visitors tease animals
>
> C. S. **Boycott zoos!**

二级水平教学示例

伊达尔戈老师也让他的历史课学生自行策划关于西奥多·罗斯福的正反论证单段落提纲。他要求学生在进行匹配练习时,提出与他提供的不同的主题句,并提醒他们运用3种策略来构建这些句子。

类似地,他还要求学生想出一些与他提供的不同的细节。他提醒学生,在整理细节时要以笔记的形式记录下细节的来源,这样在将单段落提纲转化为段落时,他们就能够提供引文或将引文融入文章中。

T. S. Theodore Roosevelt's presidency had shortcomings.

    1. used force to achieve foreign policy

    2. over-regulated business

    3. not enough progress/civil rts

    4. treatment of Nat. Americans

C. S. Although Theodore Roosevelt accomplished a great deal, his presidency was flawed.

T. S. Theodore Roosevelt, the 26th president, had a positive impact on the United States.

    1. nat'l parks + exp. forests

    2. labor unions

    3. constructed Panama Canal

    4. consumer rts/Food and Drug Administration

C. S. In conclusion, Theodore Roosevelt left an impressive record of accomplishments.

正反论证文的过渡提纲和多段落提纲

在培养撰写议论文所需技能的下一阶段，教师应引导学生构建一个过渡提纲或多段落提纲，这个大纲需要涵盖问题的两个方面，但不要求学生表明自己的立场。学生可以在自己的正反论证单段落提纲基础上进行扩展，或者选择一个新的主题。

正如我们在第9章中讨论的，创建过渡提纲和多段落提纲的第一步是选择一个主题，然后引导学生撰写论点陈述。如果学生在这个阶段选择了一个新的主题，确保它既有争议性又易于处理——既不太宽泛，也不太狭隘。问问自己，学生是否能够应对所需的证据量或研究量。

图10.1和图10.2提供了正反论证文章的过渡提纲或多段落提纲示例：

过渡提纲和多段落提纲对学生的要求各有不同。在撰写正反论证过渡提纲时，学生需撰写论点和结论性陈述，其中要包含一句话，承认双方均有论据。例如，论点陈述可以是这样的：

There are arguments for and against increasing the minimum wage.

或者，学生可以构建一个使用从属连词的论点或结论性陈述：

Although some argue that increasing the minimum wage would have a negative impact on many small businesses, others claim that an increased wage would be beneficial to many households.

请记住，如果学生忽略了像"others claim that…"这样的表达，那么他们实际上正在撰写的是议论文的论点陈述，而非正反论证文的论点陈述。议论文的论点陈述可能会这样写：

Although some argue that increasing the minimum wage would have a negative impact on the U. S. economy, an increased wage would be beneficial to many households.

这个陈述显示作者已经考虑了双方的证据，得出了哪一方更有说服力的结论，并准备用证据来支持这一结论。你可以在这个阶段向学生解释正反论证和议论文论点陈述之间的区别，但如果他们还没有做足够的正反论证练习，那说明学生可能还没有准备好过渡到议论文写作。

过渡提纲

姓名：_____ 日期：_____

主题：Alexander the Great

论点陈述：Although some argue that Alexander's ambition was a positive trait, others say it led him to take actions that caused a great deal of suffering.

中心思想	细节
1. 正面论证 ↓ 主题句	....
2. 反面论证 ↓ 主题句	....

结论陈述：_____

图10.1　正反论证文章的过渡提纲示例

第10章 明确立场：撰写观点文、正反论证与议论文

多段落提纲

姓名：_____ 日期：_____

主题：Alexander the Great

论点陈述：Although some argue that Alexander's ambition was a positive trait, others say it led him to take actions that caused a great deal of suffering.

中心思想	细节
引言 1.	G S T
正面论证 2. ↓ 主题句	
反面论证 3. ↓ 主题句	
结论 4.	T S G

图10.2　正反论证文章的多段落提纲示例

对于正在撰写多段落提纲的学生，他们需要构建论点陈述，但不需要结论性陈述。在撰写草稿时，他们会在引言和结尾段落中分别构建概括性与具体性的陈述，并在结尾段落中重新表述论点。

议论文

议论文的写作要求既有说服力又保持公正。学生不仅要让读者信服自己的观点更为有力，同时也要准确地展现对立的观点。他们练习的中立的正反论证经验将有助于他们完成后续任务。

议论文写作培养的技能能够满足学生未来生活、职场工作以及个人的需要。

在所有类型的写作中，议论文最能有效地提升学生的分析能力。学会构建并捍卫一个论点能够帮助学生进行逻辑和批判性思考。

使用多段落提纲为议论文制定计划

在为议论文创建多段落提纲之前，学生必须先确定自己要支持的论点。为此，他们需要深入了解议题的正反两面以及相关的证据。你要确保学生已经投入了足够的时间来学习和讨论议论文的主题。

学生需要明白，撰写议论文的论点陈述时一定要将他们所支持的论点放在陈述的最后。例如，如果一个学生想要论证工业革命本质上是积极的，他们不应该这样写：

> *Although the Industrial Revolution brought many benefits, its drawbacks cannot be ignored.*

相反，他们要将支持自己论点的部分作为句子的结论，像这样：

> *Although the Industrial Revolution had its drawbacks,*

the many benefits it brought cannot be ignored.

除了引言和结尾段落将采用GST和TSG结构外，文章还应该包含三个或三个以上的正式段落（参见图10.3）。

- 第1段：引言（GST）。
- 第2段：准确地铺陈问题的背景，但在呈现证据时，往往倾向于支持作者自己的立场。
- 第3段：呈现反驳的观点及其支持证据。
- 第4段：为作者的观点提供最强有力的证据。
- 第5段：结论（TSG）。

尽管并非硬性规定，但标准的议论文通常包含五个及以上段落。不过在学生刚开始学写议论文时，你可以让他们只写四个段落。省略掉引言后面紧接着的段落，该段落主要用于提出问题并引入论点。学生只需要写两个主体段落：第一个呈现要反驳的观点和证据，而第二个则呈现他们自己的观点和证据。

告诉学生不要尝试在同一个段落中提出观点并进行反驳。根据我们的经验，这样往往会导致信息呈现不连贯，令人困惑。

融入证据与引文

学生不是写作主题领域的专家，因此，他们需要引入引用、释义和引文来增强自己的观点。尽管他们需要为正反面观点都引用权威论据，但他们必须展示为何支持自己立场的论据更具说服力。

在多段落提纲阶段，学生实际上并不会融入完整的引文，但他们会在提纲上进行标注。之后，在将多段落提纲转换成草稿和成稿时，他们会将这些证据融入脚注和参考文献。为帮助学生做好准备，你可以让他们练习如何引入引文和其他证据来支持一个论点（参见第9章）。

多段落提纲

姓名：_____　　日期：_____

主题：_____

论点陈述：_____

_____

中心思想	细节
引言 1.	
背景 2.　　↓ 　　主题句	
反驳观点 3.　　↓ 　　主题句	
主张 4.　　↓ 　　主题句	
结论 5.	

图10.3　为议论文创建的多段落提纲模板

在议论文写作中，某些词汇特别适合用来引述或转述论据。在引述或总结支持其论点的引文时，学生应该采用一种能够彰显来源权威性的方式，并使用比"says"或"even believes"更强的动词来引入。更有力的动词比如："endorses""asserts""emphasizes""reminds us"和"affirms"。

例如，一个学生在论证反对严厉的青少年司法制度并寻求权威引文时，可以只是简单地写：

> *Professor Clarke said, "Programs like boot camps have been shown to be ineffective in preventing juvenile delinquency."*

想象一下，如果学生能够通过插入一个同位语来突显说话者的权威性，并使用一个动词将说话者的观点与学生自己的观点联系起来，引用这句话的效果会有多大的提升。例如：

> *Professor Clarke, a nationally recognized expert on juvenile justice reform, endorses this view when she writes, "Programs like boot camps have been shown to be ineffective in preventing juvenile delinquency."*

说明性过渡词也是引入文本证据和引文的有效方法，如：

> *Experts in the field of juvenile justice reform agree that harsh measures don't work.* **For example,** *Professor Clarke has written that boot camps "have been shown to be ineffective in preventing juvenile delinquency".*

二级水平教学示例

伊达尔戈老师认为他的学生已经做好了准备，不仅可以总结关于某个议题的正反双方论点，而且还能明确表达自己的立场，并对另一方的观点进行评估。他要求学生深思熟虑每一方的论点，然后选择他们个人认为更有说服力的一方。接下来他们要撰写一个既表明自己立场，又承认对立观点的论点陈述。

他还希望学生能给证据和引文标注来源，因此要求他们在多段落提纲的细节行上做好笔记。图10.4展示了一个学生创建的多段落提纲。

议论文的差异化教学

一级学生尚未做好议论文的计划和撰写准备。因此，他们应继续练习撰写观点文和正反论证，直到他们掌握了撰写一般性陈述、具体陈述和论点陈述、独自研究以及区分强弱论据等任务所需的技能。

当然，可能在你教授的班级中有一些二级水平的学生已经准备好使用多段落提纲来为议论文编写计划，而其他学生则更适合使用过渡提纲。那么请记住，使用过渡提纲的学生不需要撰写一般性陈述和具体陈述，他们可能也不需要深入挖掘证据，但他们正在培养的技能将帮助他们未来撰写更充实的议论文。

议论文术语

随着学生开始着手更复杂的说明性和议论文写作，你可以考虑给他们提供一份适配的词汇表。例如，使用"although"或"while"等词汇构建主题句，对于正反论证和议论文写作尤为有效。

这个阶段是向学生介绍一些在呈现他人论点时会用到的词汇的好时机。例如，他们可以用"proponents"来指代一方的支持者，用"naysayers"来指代反对者。学生也可以使用"argue"和"maintain"等动词，而不是简单地使用动词"said"。

例如：

多段落提纲

姓名：_____　　日期：_____

主题：President Theodore Roosevelt

论点陈述：Although Theodore Roosevelt had detractors, his legacy had a lasting positive impact in many areas.

中心思想	细节
引言 1.	G S T
背景 2. ↓ 主题句	trust buster Square Deal = equality for all Consumer rts + protection Roosevelt Corollary
反驳观点 3. ↓ 主题句	little progress on civil rts P. R. aggression + expansion poor treatment of Nat. Amer
主张 4. ↓ 主题句	conservation = 150 nat'l forests Global power (Lacayo, Time mag) Panama Canal negotiated end Russo-Japanese War
结论 5.	T S G

图10.4　学生创建的多段落提纲示例

Defenders of Theodore Roosevelt argue⋯.

Critics of Theodore Roosevelt assert⋯.

图10.5提供了一个术语清单,帮助学生撰写他们的正反论证和议论文过渡提纲及多段落提纲的论点陈述。

回顾:议论文写作练习

对于初中或高中老师来说,以下指导性练习可以帮助学生为创作议论文做好准备。这些练习可以帮助学生在逐步接触议论文写作任务时更有效地组织材料、进行更深入的分析思考,并在写作中实现更连贯的表达。

议论文名词和动词

名词

advocates	naysayers
adversaries	opponents
challengers	proponents
critics	supporters
defenders	detractors

动词

acknowledge	defend
advocate	dispute
argue	interpret
assert	object
believe	observe
claim	oppose
concur	propose
criticize	state
debate	support

图10.5 议论文术语清单

对于小学老师而言，学生可能还未准备好撰写议论文。但是，进行正反论证练习可以为他们将来撰写议论文打下坚实的基础。

句子级别的策略

- 利用"because-but-so"练习，向学生展示一个包含观点的句子主干，并让他们：
    ▶ 将观点与证据相联系（"because"），引入反驳观点（"but"），并阐述因果关系（"so"）。
- 运用从属连词（如"while""although""even though"）编写承认对立观点并陈述自己观点的句子。
- 通过扩句练习，向学生展示一个表达观点的核心句。
- 利用过渡词练习来呈现和评估理由、证据和观点。

单段落提纲

- 练习撰写段落的主题句，概括某一问题观点，要求运用以下3种策略进行构建：
    ▶ 句型（表达支持者立场的陈述句）
    ▶ 从属连词
    ▶ 同位语
- 将表达相反观点的主题句与相应的细节进行匹配。
- 利用单段落提纲为一个观点的总结段落撰写计划（需有证据支持）。
- 使用单段落提纲为相反观点的总结段落撰写计划（也需有证据支持）。

过渡提纲和多段落提纲：正反论证

练习撰写正反论证陈述，在列过渡提纲时要能中立地展现论证的两个方面（例如，"Although there are many who argue that an extended school year will benefit students, opponents believe that additional time will not produce meaningful results"）。

- 撰写一篇完整的正反论证过渡提纲或多段落提纲，展现论证的两个方面且不表明立场。

多段落提纲：议论文（适合初中和高中的二级学生）

部分学生可能已准备好撰写议论文，但还未准备好撰写多段落提纲，对于这类学生应使用过渡提纲。

- 练习撰写议论文的论点陈述，要能展现论证的两个方面并表明立场，将作者的立场放在论点陈述的末尾（例如，"Although extending the school year has many drawbacks, its benefits outweigh them"）。
- 创建一个四到五个段落的多段落提纲，列出论证的两个方面并表明立场。
  - 第1段：引言，在细节框中标注"GST"。论点陈述应是完整句并写在提纲顶部的实线上。
  - 第2段：准确陈述问题的背景，但要以倾向支持作者立场的方式呈现。（初次引入议论文多段落提纲时，学生可以省略这一段。）
  - 第3段：呈现反驳观点及其支持证据。
  - 第4段：为作者的观点提供最有力的证据。
  - 第5段：结论，在细节框中标注"TSG"。

起草和修改

- 生成一般性陈述和具体陈述。
- 练习使用过渡词和短语来呈现并评估理由和观点：

- ▶ 时间和顺序：按顺序列出每一方的理由和观点。
- ▶ 说明：提供一般性观点的具体例子或引入证据。
- ▶ 强调：突出重要主张或强化论点。
- ▶ 转折：引入或承认相反的观点。
- ▶ 结论：表明论证的结束。

- 练习以支持某一个观点的方式引入和解释引文。

总结

为了能够计划和撰写一篇有效的议论文，学生需要掌握以下技能：

- 理解事实和观点之间的区别。
- 使用适用于议论文的名词和动词（见图10.5）。
- 结合适当的引言和解释来引用引文。
- 使用单段落提纲来规划两个独立的段落，分别呈现相反的观点及各自的论据。
- 使用过渡提纲规划正反论证，以中立的立场呈现两种观点及其支持证据。
- 使用多段落提纲（或过渡提纲）为议论文规划包含四到五个段落的文章，作者要有立场偏向并提供证据支持。
- 确定哪部分证据最有说服力，将最有说服力的部分放在最后提及。

讨论

1. 讨论观点文、正反论证和议论文写作的主要区别。

2. 学生在撰写观点文、正反论证和议论文时，需要培养哪6项重要技能？

3. 使用"because-but-so"练习如何帮助学生学习呈现对比的观点?

4. 解释过渡词/词组如何在呈现观点或证据时发挥作用。

5. 选择一个具有争议性的议题(例如,禁止某些书、动物园中饲养动物、将投票年龄从18岁降至16岁),并为此主题创建一个句子练习。

6. 描述如何教学生为对立观点分别创建单一段落提纲,以帮助他们为创作正反论证文章做准备。

7. 为什么学生在撰写议论文时应该将他们最有力的论点放在最后?

第三部分

如何评估写作技巧及将霍克曼方法融入课堂教学

SECTION III

第 11 章
标尺与指南:
学生写作评估

迈娅是一所学校的3年级学生,这所学校的学生大多来自贫困家庭,其中有超过75%的学生来自社会经济地位较低的家庭,迈娅便是其中之一。

在学年伊始,迈娅的老师——科温老师布置了一项写作练习,以评估学生的写作水平。图11.1展示了迈娅的写作成果。

要求:请写一段文字,描述你认为3年级会有哪些有趣的事情。

> Directions: Please write a paragraph about what you think will be interesting about 3rd grade.
>
> I think that learning new fundation sounds transitioning from classroom to classroom trying new challenges taking new test and making new friends will be interesting about 3rd grade.

图11.1 学年初期迈娅的作文

这段文字缺乏明确的结构,只是由一连串的并列句组成,就和迈娅在课堂上的口语表达一样。

正巧学校正与"写作革命"组织合作,科温老师接受了"写作革命"组织的霍克曼方法培训。在这一年里,他教会了学生如何构建句子以及为段落撰写计划。

学年结束时,为了检查学生写作能力的进步情况,科温老师给迈娅和同学们布置了新的写作练习。图11.2和图11.3展示了迈娅的单段落提纲和完整段落。

要求：请使用以下单段落提纲，围绕本学年你最喜欢的事物规划段落。

> **Directions:** Use the following Single-Paragraph Outline to plan a paragraph about what you liked most about the school year.
>
> T.S. In school I liked the trip to the science barge most.
> 1. s.h first field trip in 3rd grade
> 2. power vacuum with bicycle
> 3. goose with eggs on board
> 4. plant plants.
> C.S. In conclusion, this is why I like the trip to the science barge the most.

图11.2　迈娅的单段落提纲

要求：请围绕本学年你最喜欢的事物写一段文字。

> **Directions:** Please write a paragraph about what you liked most about the school year.
>
> In school I liked the trip to the science barge most. The science barge was the first field trip we went on in 3rd grade. We had to behave in school to go on it. On board we got to power a vacuum with a bicycle. I've always wanted to try that. Although I didn't get to ride it I was happy for my friends that did. In the area with the bicycle there was a goose with eggs!! In order to keep the eggs warm she picked out some of her feathers and moved it around. Also she would get up and turn to look somewhere else and when she did you could see the tiny eggs underneath her. At the end of the trip we got to plant plants. First, we put dirt made of coconut husk into a mixture of salt and sand (spun very fast) with the plant inside into the dirt. The salt and sand holds water for the plant! We had to mix plant food with water and give that to the plant because the soil we gave it doesn't have the nutrients it needs to survive. In conclusion, this is why I like the trip to the science barge the most.

图11.3　迈娅写的完整段落

> 科温老师本以为，迈娅在写作上仍需学习一些技巧，但当他回顾迈娅提交的作业时，他震惊了。她这次作业的段落文字结构清晰，包含主题句、结论句和支持性细节；句子完整，不再无休止地延伸；此外，她已能运用过渡词来串联想法，并且学会了如何使用从属连词。
>
> 迈娅在学年开始时对写作练习的回答，让她的老师了解到她已经掌握了哪些技能，以及她还需要学习哪些技能。而对迈娅自己和科温老师来说，她在学年结束时的作文则揭示了一个事实——她在仅仅一个学年里就能取得如此大的进步。

不要猜测——要评估！

> **为什么要评估学生的写作水平？**
> - 让你了解每个学生已经掌握的技能和需要进一步学习的技能。
> - 掌握整个班级需要重点关注的技能。
> - 为个别学生和整个班级设定目标。
> - 追踪学生在学年中的进步情况。

通过写作监督学生学习

本书提供的策略和练习不仅能教学生写作技能，还可以指导他们如何在日常生活中获取知识。你可能也已经注意到，这些策略和练习在揭示学生学习成效方面具有极高的价值。它们不仅能够反映学生在写作技巧上的进步，还能展示他们对所学材料的掌握程度。换句话说，这些练习构成了形成性评估（Formative Assessments）的一部分。通过这些活动，你可以监测学生对已教材料的理解程度，确定你的下一个教学步骤，获得明确有效的反馈，从而更科学地促进学生进步。

许多学校，特别是小学，常常通过定期的"基准"评估来衡量学生的读写能力——这类评估旨在评价诸如"找出文章中心思想"等一般的理解技能。然而，研究发现，这类评估的可靠性极低。在一项研究中，大约1000名儿童参加了4种不同的标准化理解能力测试。研究人员发现，任意两次测试同时判定同一名学生阅读能力较差或优异的概率不到一半。

此外，试卷上的阅读材料与课程内容无关，因此这些测试甚至没有尝试评估学生对所学内容的理解。本书提供的写作练习可以更可靠、更准确地评估学生的学习情况——对学生、家长和老师来说都是如此。

形成性评估还有其他优点。比如，学生在获得及时和定期的反馈之后，能更清楚地了解自己取得了哪些成就，以及仍然需要在哪些方面改进。

研究表明，经常进行形成性评估是帮助学生将信息转移到长期记忆的最有效方法之一——这正是学习过程中的关键步骤。

如果你的学生读过《夜》（*Night*），你可以参考以下形成性评估示例。

总结性评估（Summative Assessments）通常在教学单元结束时进行，旨在衡量学生在一段时间内的学习成果。然而，使用标准化的阅读测试进行总结性评估往往达不到这一目的。标准化的阅读测试很少评估你所教授的具体写作技能，而且，和标准化的基准评估一样，测试中的文章内容通常也与学生学习的课程内容不匹配。而且结果往往需要在测试结束后很长一段时间才能得知。因此，使用基于实际教授内容的总结性评估，包括那些需要书面回答的评估，会更加有效。

> **要求**：完成下列句子主干。
>
> The prisoners are forced on a death march because <u>they have to evacuate the concentration camp.</u>
>
> The prisoners are forced on a death march, but <u>Eliezer manages to survive.</u>
>
> The prisoners are forced on a death march, so <u>most die from fatigue, disease, and the bitter cold weather.</u>

通过定期评估监测学生写作水平

除了使用TWR方法监测学生对所教授内容的学习进度外，你还应该对他们的写作技能水平进行专门的定期评估。

在进行这类评估时，你可以提供一些适用于通用主题的写作要求，这有助于你了解学生之间的差异，他们的普遍优势和劣势，以及你在写作指导中应该设定的目标。

在学年初、学年中和学年末对学生的以下方面进行评估非常重要：

- 学生在独立写作中已经用上了哪些技能；
- 学生还需要掌握哪些技能。

你应该给学生一个简单的提示，而不提供任何指导或帮助。但是要确保你给的主题是学生足够熟悉的且能够连贯地写出内容的。所有学生都应该得到相同的提示，这样有助于你分析他们的优势和劣势。

写作提示可以是单词也可以是简短的词组。下面是一些我们认为比较有用的写作提示：

Friends (or friendship or how to make/keep friends)

Hopes for the future

Role model

Special gift or possession

Personal goals

Favorite season

Favorite pastime

Why do we study the past?（适合高年级的学生）

在评估学生撰写主题句的能力时，要避免使用"句子开头"式的提示。例如，如果提示是"a great school trip"，许多学生可能会直接以此作为句子的开头。相比之下，"school trip"或"role model"这样的简洁词组会是更好的写作提示。

或者，你可以提供更具体的背景信息。例如，与其仅仅要求学生写关于"a role model"的文章，你可以给他们以下引导：

A role model is someone you admire for having qualities you would like to have. A role model is a person whose behavior or achievements you respect. Think about someone you consider a role model, and write about why that person is special to you. You may choose someone you know or someone you have read about. You may choose someone who is alive today or someone who is no longer here but has made a lasting impression on you.

还要注意的是：尽量避免那些可能导致学生简单罗列事物的提示，如"winning the lottery"或"my favorite things"。

许多其他主题可以用作写作提示，作为教师，你应该最清楚你的学生有能力写些什么。

你可能不想在学年初、学年中和学年末的所有写作评估中都使用相同的提示。但是，如果你坚持使用相同的主题，你会更清晰地了解学生写作水平的进步情况。例如：

学年初：写一段文字，描述你在上一个年级遇到的最好或最有趣的事情。至少描述两件事。

学年中：写一段文字，说明你最喜欢的科目以及原因。请给出两到三个理由。

学年末：写一段文字，描述你在今年遇到的最好或最有趣的事情。至少描述两件事。

如何进行学年初、学年中和学年末的写作评估

进行评估的第一步是向学生解释评估的目的。要让学生知道，评估有助于老师了解学生在哪些方面需要进一步的帮助，从而更好地培养他们的写作技能。提醒学生要尽最大努力完成这项任务，这样老师就能清楚知道他们已经掌握了哪些知识，哪里还有不足。

为能准确了解学生独立完成写作的能力，尽量不要在评估期间给予他们任何帮助。例如，如果学生在拼写单词时遇到困难，请他们尽力去猜测，你只需要在他们无法继续完成测试时才给予提示。如果有学生完全不知道如何开始，你也只需要给他一些通用的建议或一个主题句。如果你确实需要向学生提供帮助，请务必记录谁是在老师的帮助下完成的。

你的指示必须清晰明确。明确告诉学生他们的写作样本应该简短。如果你教1年级学生，告诉他们写一两句话就可以。即使是对于年纪稍大的一级学生和部分二级学生来说，最好也将样本限制在一个段落内。之后你可能会让他们对自己的作品进行修订和编辑，如果他们写得过长，他们可能会倍感压力。

如果学生已经掌握了如何制定单段落提纲，一定要提醒他们在写作前先完成单段落提纲，这样你就能对他们制定提纲的水平进行评估。如果你教的是二级学生，且他们已经学会了制定多段落提纲（包括过渡提纲），你可以允许他们写多个段落，但不要超过3个——当然，这也需要让他们先列提纲。确保学生将提纲附在他们的作文上。

通常来说，完成这些评估作业只需要一节课的时间，对于能力更强的学生来说，需要的时间会更少。老师需要在一两天内将评估结果返还给学生，并要求他们进行修改和编辑。告诉学生，优秀的作家总是自行探索改进和修正作品的方法，而对老师来说，了解学生试图在写作中做出哪些改变是非常重要的。

除非修改和编辑后的版本字迹不清，难以辨认，否则不必要求学生誊写终稿。

学生应该在规定时间内修改和编辑，时间结束时，上交评估作业并注明日期。老师在评估学生的作业后，应将其放入一个专用的文件夹中，以便后期追踪每位学生的写作进步情况。

如何进行学年初、学年中和学年末的写作评估

正如我们在第6章中提到的，评估写作质量通常会依据以下4个标准：

结构：段落中的句子或长篇作文中的段落安排是否合理？

连贯性：句子（和段落）是否在逻辑上相互关联？

统一性：是否每个句子都支持段落的中心思想？是否每个段落都支持文章的中心思想？

句子结构良好：句子是否语法正确且表达清晰？除了简单的主动句之外，是否还包括复合句和复杂句？句子的开头方式是否多样？

评估学生的写作质量是教育评估中最具挑战性的任务之一。这是因为写

作的某些方面虽然容易量化——比如单词或句子的总数、句子长度、拼写正确性或语法和用法的准确性——但其他方面则相当主观。

即使是专家也对评估写作质量的方法持有不同意见。一个专家小组写道："多年来，写作评估的研究与实践在激发、创作、评价和教写作的几乎每一个环节上都存在分歧。"

在进行写作评估时，以下几个因素可能会影响评估的准确性：

- 解读能力。在根据书面提示进行写作时，某些学生可能会在解读提示的含义上存在困难。
- 背景知识。对特定主题缺乏了解可能会使一些学生难以把握提示的要点，进而影响他们的回答。
- 电脑技能。如果要求在电脑上写作，能熟练操作电脑的学生会比不太擅长使用电脑的学生表现得更好。
- 写作规范错误。在评估时要考虑大小写、标点符号、拼写和语法错误所占的比重。虽然这些方面是写作技能的重要组成部分，但过多关注技术性错误可能会分散对内容和结构等更重要方面的评估。
- 书写质量。糟糕的字迹往往会给评估者留下不良印象。我们将在本章后面更详细地讨论这个问题。

写作评估清单（附录E）虽然不能完全消除评估写作中的所有问题，但可以指导老师做出更准确的判断。此外，这些清单还能基于你所教授的写作策略，帮助你了解每个学生所处的水平，并可以快速填写完成。

专家问答

尽管专家们对于评估学生写作的方法存在不同意见,但一项涵盖136项写作评估研究的元分析提出了一些建议。这些建议应用于3年级以上的学生时最为有效,因为大多数学生在这个时期已经掌握了写作的基本技巧。

- 通过评估对学生写作的表现提供反馈。
- 教学生评估他们自己的写作。
- 持续监测学生在写作方面的进步。

该报告还列出了写作评估的6个最佳实践:

- 允许学生使用纸笔或电脑写作,或者让他们使用自己习惯的方式。研究表明,使用电脑的学生得分往往高于手写的学生,但如果他们不擅长使用电脑写作,那么得分可能会低于手写的学生。
- 尽量不要根据学生的字迹和书写的整洁度来评估写作结果。
- 在评分时要隐藏学生的个人信息。学生以往的作业质量或其种族、性别或民族背景可能潜意识地影响老师客观打分。为了防止出现这种隐性偏见,一种最简单的方法是让学生将他们的名字写在纸张的背面。
- 在评分之前要将学生的试卷随机排序。一些研究表明,评估者刚刚阅读的文章质量可能会影响他们对下一篇文章的打分。如果评估者刚刚阅读了一系列高质量的文章,他可能给接下来阅读的文章打一个较低的分数——反之亦然。
- 增加每个学生的作品样本数量。学生写作的质量通常会因文章类型的不同而有所不同。有些学生可能更擅长写记叙文,而另一些学生则可能擅长议论文或说明文。
- 尽可能确保评分的可靠性。写作评分中有很多内容是主观的。为了

> 控制变量，学校可以为老师提供关于如何评估写作的培训。管理者可以为评分量表上的每个评分点提供基准描述或示例，安排多位教师对每份试卷进行评分，并基于多个不同的写作任务来确定最终分数。

评估写作质量的新方法：比较判断法

比较判断法是一种新颖的写作评估方法，有可能简化评估过程。这个方法由英国的"不再打分"（No More Marking）组织提出，该组织认为这种方法比传统的评估方法更为高效和可靠。比较判断法要求评估者比较两篇学生文章，并判断哪一篇更为出色。研究显示，当把许多这样基于直觉的比较结果综合起来时，得出的结论相对一致，更加科学。

在使用TWR方法的合作学校中，老师可以利用比较判断法来评估学生的写作进步。通常，这种评估应由同一年级的老师在本年级内进行。在评估过程中，学生的姓名应被隐去，评估者也可以是匿名的。

在评估完写作样本后，老师应就他们在年级中观察到的趋势进行讨论，这为他们接下来的教学提供了宝贵的信息。例如，如果老师发现大部分学生没有使用主题句来开头，他们可以组织全班进行单段落提纲练习和其他辅助练习来加强这一技能。

采用比较判断法进行评估所花费的时间远少于其他评估方法，老师有机会审阅更多学生的文章，从而更深入、更全面地了解学生的优势和需要改进的地方。

"不再打分"组织提供了大量关于学生表现的宝贵数据。老师掌握了这些数据后，霍克曼方法就能为他们提供具体的策略，从而更好地解决在学生写作中发现的问题。

引导学生根据阅读材料进行写作

相比我们推荐的通用提示，许多老师倾向于让学生基于特定文章进行写作。这种做法虽然有其优势，但也存在一些潜在的不足。

优势与劣势

让学生就给定的段落进行写作，更贴近他们考试时会遇到的写作测试。通常情况下，英语考试会提供一段材料让学生阅读，并要求他们根据材料内容进行写作，引用文中的证据，有的时候还会要求学生阅读两篇不同的文章，进行比较分析。

然而，重要的是要认识到，以文本为基础进行写作评估可能会带来一些问题。学生可能在解读文本时遇到困难，或者他们可能缺乏理解文本所需的背景知识——尤其是当文本内容没有出现在课程中时。在这种情况下，评估可能无法准确反映学生的写作能力。

书写的重要性

在学生起草和修改段落、文章或参加考试时，一个不容忽视的问题是他们的书写质量。尽管研究尚未确定书写字体能否带来认知上的好处，但很明显，规范书写有其他重要原因。良好的书写——包括字迹清晰的字体——会影响读者对文章质量的评价。此外，那些从未学习或不使用连笔的学生往往难以辨认手写文件、信件和笔记，这在阅读某些文章和与他人交流时可能是一个劣势。

研究确实表明，让孩子们接受某种形式的书写指导是非常重要的，而不只是让学生在电脑上学习打字。学生努力练习认真书写字母会增强他们识别字母的能力，促进他们对单词的回忆，并提高他们的拼写准确性。

但是许多学校不重视书写指导,无论是手写体还是印刷体。这导致许多学生随意使用大小写字母,以及单词排列过于紧密。

维护学生作品集的重要性

在学年中为每个学生制作一个包含他们作品和评估样本的文件夹或作品集,这非常有用。这些作品集能够清晰地展示学生的进步——这些进步在没有记录的情况下很容易被忽视,而且还能为之后接手这些学生的老师提供宝贵的信息。

总结

- 在评估学生作文时,老师需要注意那些可能影响评估准确性的因素,比如学生在理解写作题目要求(提示)时遇到的困难,以及他们在写作中出现的写作规范错误频率。
- 在一年中进行3次针对写作提示或文本的写作评估,可以评估学生的独立写作能力。
- 评估学生制定提纲的能力。
- 让学生在评估结束后的一两天内对自己的作文进行修改和编辑,可以评估他们修改和编辑的能力。
- 使用写作评估清单记录个别学生的进步以及全班的进步。
- 利用评估数据设定全班的目标,并根据学生的个体需求调整教学策略。
- 保留每个学生作品的文件夹或作品集,可以帮助老师追踪学生在一年中取得的进步。

讨论

1. 评估学生的写作能提供哪些重要信息?
2. 讨论形成性评估和总结性评估之间的区别。
3. 列举进行学年初、学年中和学年末写作评估的关键步骤。
4. 老师在评估写作样本时,如何做到尽可能客观?
5. 解释为什么书写指导很重要。
6. 保留每个学生的作品和评估样本集能起到什么作用?

第12章

彻底改变学习：
将写作练习融入教学

本书始终强调，除非是介绍新的TWR方法，否则写作练习和作业应当与你的教学内容紧密结合。例如，如果你的学生正在学有关阿兹特克帝国（Aztec Empire）的知识，那么所有的写作练习，包括句子级别的练习，都应围绕阿兹特克帝国展开。当你将TWR方法应用于特定内容时，你实际上是在调动并加深学生对所阅读和讨论材料的理解。

将写作融入常规教学并嵌入课程内容通常比单独教写作更为有效。学生们无须将从与课程无关的写作中学到的技能进行迁移——这种迁移往往难以实现，而是能在培养写作技能的同时积累学科知识。写作不仅是一项技能，写作指导也可以成为有力的教学工具。

请记住，练习TWR方法的核心在于内容：同样的策略可以根据内容的不同，对不同年级的学生设计不同水平的挑战。例如，如果你在教幼儿园的孩子关于蝴蝶的知识，可以让他们进行一个关于毛毛虫和茧的口头"because-but-so"练习。如果你在教美国历史预修课程，则可以给高中生布置一个类似的"because-but-so"练习——不过，这次要求他们以书面形式完成，并专注于探讨某个历史政策的有效性。尽管练习形式相同，但后者显然更有难度。

同样，组织和规划单段落提纲、过渡提纲和多段落提纲的原则在不同年级或能力水平之间并没有显著差异。真正给这项任务带来挑战性的是教学内容。

同时运用多种策略

要让学生持续练习学过的策略，一个有效方法是在课程中融入多种不同的策略。实际上，运用TWR方法的最佳时机就是当学生对多种策略都有所了解之后。

以下示例展示了如何将这种方法应用于一级学生和二级学生的教学中。在这两种情况下，这些策略不仅有助于学生提升写作或写作准备的技能，同时也能加深他们对内容的理解。

一级水平教学示例

如果学生阅读过《亨利的自由之箱》(*Henry's Freedom Box*)，那么你可以考虑进行以下练习：

Henry didn't know his birthday because <u>no one kept records of enslaved people's birthdays.</u>

Henry got married and had three children, but <u>his family was separated and sold.</u>

Henry survived his journey in the small crate for 27 hours. As a result, <u>he arrived in Philadelphia where he finally could be free.</u>

你也可以让学生制定一个单段落提纲：

> T. S. Henry's Freedom Box, a true story, has won many awards.
>   1. Richmond VA / sep from mother/ worked in factory
>   2. marries → 3 children / family sold
>   3. mails himself in small crate / 27 hrs.
>   4. in Philadelphia Henry a free man
> C. S. Henry was brave and determined in spite of terrible struggles.

二级水平教学示例

如果学生一直在学习苏美尔、古巴比伦王国和汉谟拉比等知识,你可以给他们以下"because-but-so"练习,并附上学生可能的回答作为示例:

> Hammurabi created a written code of laws because **he wanted to impose order on Babylon.**
>
> Hammurabi created a written code of laws, but **many Babylonians couldn't read them.**
>
> Hammurabi created a written code of laws, so **there was a decrease in crime.**

此外,你还可以让学生使用说明性术语来制定关于该内容的测试题:

> 1. Explain the purpose of a written code of laws.
>
> 2. Enumerate the reasons for creating a code of laws.
>
> 3. Describe how social class influenced punishments.

接下来，你可以给学生一些以从属连词开头的句子主干，让他们完成句子，如下所示：

> If Hammurabi had not developed a written code of laws, **he would have failed to unite Babylonia.**
>
> Although Sumer's city-states were defeated, **the Babylonian Empire adopted many of their ideas and practices.**

如果学生已经学习过单段落提纲，你可以让他们完成一个单段落提纲。对于能力更强的学生，你还可以鼓励他们将提纲进一步转换成完整的段落。

> T. S. Sumer, an ancient Mesopotamian civilization, is lauded for the lasting impact of its innovations.
>
> 1. cuneiform = system of writing/maps & sci info
> 2. # system → basis today for measuring time
> 3. architectural structures (arches, columns, ramps).
> 4. written code of laws
>
> C. S. The contributions of Sumer had a major influence on later civilizations.

运用TWR方法革新你的教学材料

大多数教科书和其他教学材料在章节末或单元末提供的题目往往不涉及TWR方法。不过，你可以利用你对TWR方法的了解，将这些练习变得更有深度，从而强化你的写作指导。以下是一些适用于一级学生和二级学生的示例。

一级水平教学示例

如果你的学生阅读了《时代广场的蟋蟀》（*The Cricket in Times Square*），你可以要求他们完成如下练习。

原练习：

> **要求：** 回答以下问题。
>
> 1. Why was Chester worried about being in New York City?
>
> _____
>
> 2. What did Tucker do to make him feel better?
>
> _____
>
> 3. Where did Tucker take Chester?
>
> _____

为提升练习效果，你可以要求学生完成以下改进后的练习。

改进后的练习：

> **要求：** 使用because-but-so来完成句子。
>
> Chester was worried about being in New York City because _____
>
> _____
>
> Chester was worried about being in New York City, but _____
>
> _____
>
> Chester was worried about being in New York City, so _____
>
> _____

如果你的学生一直在学习与热带雨林有关的动物和植物，你可以要求他们完成如下练习。

原练习：

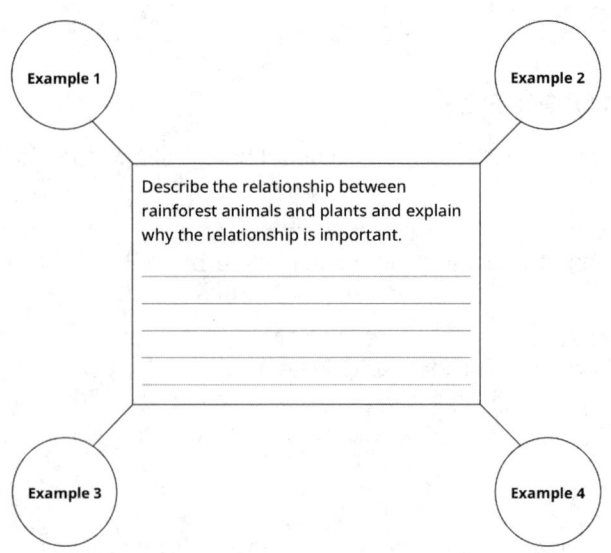

为提升练习的效果,你可以要求学生完成以下改进后的练习。

改进后的练习:

要求:使用关键词和短语,为给定的主题句写出细节。

T. S. Rainforest animals and plants interact in many ways that are important for maintaining a balanced ecosystem.

1.
2.
3.
4.

二级水平教学示例

学习不同类型的亚原子粒子之后,你可以向学生提出以下问题:

> **要求：** 请回答以下问题。
>
> 1. What types of subatomic particles does an atom contain?
>   _____
> 2. Why are electrons attracted to positive objects?
>   _____
> 3. How do protons behave?
>   _____
> 4. What does neutral mean?
>   _____

老师可以通过以下方式"改进"这些问题：

> **要求：** 请完成过渡词后面的第二个句子。
>
> 1. An atom contains three types of subatomic particles. Specifically, _____
> 2. Electrons have a negative charge. As a result, _____
> 3. Protons repel each other. However, _____
> 4. The neutron is neutral. In other words, _____

如何使用TWR方法进行差异化教学

大多数班级的学生能力水平参差不齐——有时差异很大。教学中最富挑战性的任务之一就是在不超出部分学生理解能力的同时，又不使其他学生感到乏味，满足所有学生的需求。

密切关注有学习障碍的学生

正如我们在本书中所展示的，TWR方法中的各项练习非常适合进行差异化教学。没有必要为不同能力的学生设计完全不同的练习或使用不同的内容——实际上，这种方法反而可能会使学习有困难的学生永远落后。关键在于，你需要对学生的学习目标有一个清晰的认识，还要知道哪些练习可以有效地评估他们是否已经掌握了这些知识。

针对不同水平学生调整策略

在本书中，我们在介绍许多策略时都阐述了如何进行差异化调整。我们来回顾一下，以下是一些示例：

• 句子扩写。对于学习有困难的学生，应减少使用疑问词。例如，给所有学生一个核心句，如"They rebelled"，可以给能力稍强的学生提供"who""when""why"和"where"等多个疑问词，而向学习有困难的学生只提问"who"和"when"。

• Because-but-so。给所有学生相同的句子开头——例如，"The British invaded the colonies"——但对能力稍强的学生可以要求他们为所有三个连词提供完整的句子，学习有困难的学生只需要完成一两个连词的句子。

• 同位语。要求所有学生提供一个同位语来描述一个人、一个地方或一件事，但为能力较差的学生提供一个单词/词组清单。

• 句子合并。给所有学生提供一些短句并要求将它们合并成一个更长的句子，但为能力较差的学生提供较少的短句。

• 段落草稿修改。为每位学生提供相同的基础段落，但对部分学生减少关于如何修改它的指导。在教学过程中，我们可能会给一些学生布置6项任务，而对另一些学生则限制在一到两项，例如："Improve T. S. and C. S."。

• 单段落提纲。让所有学生都完成一个单段落提纲，对于部分学生，你可以提供主题句或结论句，而对其他学生则要求他们独立构思这些句子。你可能需要指导部分学生仅使用关键词和短语在虚线处做笔记，而另一些学生则可以使用缩写和符号。

• 过渡提纲或多段落提纲。要求所有学生完成一篇议论文或说明文，对于部分学生，可以提供他们需要用来组织段落的类别，而对于其他学生，则让他们自己思考类别。

• 多段落提纲。当学生将多段落提纲转换成文章草稿时，你也可以为一些学生提供通用或特定的表述，以便他们在撰写引言和结论时能够更加得心应手。

总结

• 通过将TWR方法融入日常教学并嵌入课程内容，你可以使写作指导成为一种强有力的教学工具。

• 在教授任何主题时，要同时运用多种策略。

• 为不同学习能力的学生提供适宜的挑战，而不必改变练习的本质或使用不同的内容。

• 利用TWR方法，将教学材料中的开放式问题转化为更有针对性的练习。

讨论

1.选择一个主题（例如，科学、书、时事），并根据你执教的年级水平，使用以下策略设计练习:because-but-so、句子扩写、从属连词、单段落提纲、过渡提纲或多段落提纲。

2.为什么本书的策略比传统的教科书问题能更准确地评估学生的理解能力?

第 13 章

将方法付诸实践：
不遗漏任何策略

本书以线性方式介绍了TWR方法。但在实践中，你不用等到所有学生都掌握了某种特定策略后才继续学习新策略，然后放弃旧策略。内容和写作技能紧密相关，"掌握"程度取决于你正在教授的内容以及任何特定策略。此外，回顾已经介绍过的策略有助于提醒学生在写作中使用它们。

因此，建议你继续按照你的课程安排推进教学，不断将本书之前介绍过的策略融入教学中，并与你正在讲解的其他策略一起使用。随着学习进度的推进，你可以为学习有困难的学生调整策略。

打造坚实的基础：句子级练习

如我们在第2章所述，句子是所有写作的基石。如果学生写不出清晰连贯的句子，那么他们也无法创作出条理分明的段落或文章。事实上，句子级别的练习对学生来说可能与长篇写作任务一样充满挑战——有时甚至更具挑战性。无论学生是在写句子、段落还是完整的文章，内容的深度决定了写作的难度。

所有学生，不论他们的年级或能力水平，都需要练习创作各种类型的句子。在本书中，你已经接触到了适用于各个水平和所有学科的多种TWR方法中的句子练习示例。

如果你教的是初学者、有学习障碍的学生，或是写出来的作文很口语化的学生，那你首先要确保他们能理解句子的概念。正如我们在第1章提到的，仅仅让他们重复一个抽象的定义，比如"a sentence has a subject and predicate and expresses a complete thought"，这样是不够的。学生需要通过充分的练习来区分完整句和残缺句，并能将残缺句转化为完整句。他们还需要练习如何修正连写句。

即便你的学生已经具备较高的写作水平，向他们介绍全面的TWR方法中的句子策略仍然至关重要。但你可以以更快、更简略的方式介绍。对于二级学生，大部分句子级别的练习可以在他们扩展段落草稿以及根据老师具体反馈改进写作的过程中完成。此外，这些学生也能从考试、小测验和课堂总结中用于检查理解程度的句子级练习中受益。

总的来说，无论年级高低，所有学生都应该每天至少进行一些句子级练习，无论是口头形式还是书面形式。这些练习可以结合我们刚刚列举的各种检查方式，如即时练习、即兴写作、小组讨论，或者家庭作业。在学生准备好制定提纲之后，你仍要继续在你的课程中定期加入句子级常规练习。因为学生在将他们的提纲转换成草稿时，需要运用从句子级练习中学到的知识作为修改工具。

分解写作过程

为方便学生进行写作管理，我们可以将写作过程分解为4个基本步骤：列提纲、起草、修改/编辑以及最终定稿，具体如下。

1. 列提纲
2. 起草
3. 修改/编辑
4. 最终定稿

第 13 章　将方法付诸实践：不遗漏任何策略

大部分教学时间应当集中在步骤1和步骤3上，即列提纲和草稿的修改/编辑。课程可以在步骤1或3之后结束——但不能在步骤2之后结束。

无论学生是否计划将草稿转换为成稿，老师都应该要求学生修改和编辑他们的草稿。

列提纲和修改/编辑阶段需要进一步细分为多个小步骤——首先是修改段落，然后扩展到整篇文章。

不要跳过任何写作支架式步骤；对于能力稍强的学生，可以加快进度，但也不要跳过。在要求学生为单段落提纲撰写主题句之前，确保所有学生都练习过如何识别和构建主题句。

提供大量的示范和练习非常重要，这可以确保学生创作出多样化的句子，列出提纲并撰写出结构紧密、连贯的段落和文章，而且能有效地修改自己的作品。你可能会想让学生直接开始写作，而不必经过所有这些步骤。毕竟，经验丰富的作家都是那样做的，不是吗？但事实是，有些作家可能是这样的，但许多作家则不然。特别是对于更具分析性、篇幅更长的写作形式——比如写书——许多成功的作家认为列提纲是必不可少的环节，而且所有专业作家都会花时间进行修改。

除此之外，经验丰富、能力出众的作家能够同时处理多种因素，他们的写作是一个递归过程。这些作家可能会在写作过程中微调句子，在这里替换一个词，在那里省略一个逗号。他们可能会反复更改段落和想法的顺序，但他们可以利用丰富的写作经验以及对书面语言和主题的深刻理解进行创作。他们可以或多或少地同时起草、修改甚至规划写作内容。

然而，与我们合作的大多数学生都缺乏这种经验，也达不到这种水平。为了写一篇好的作文，他们需要一步一步地完成写作任务，同时继续练习之前学过的策略。与句子练习一样，即使你的学生已经熟练掌握了列提纲和修改草稿，继续进行那些帮助他们达到这一水平的支架练习仍然至关重要。

策略的节奏：运用你的判断力

老师们常会问："我们应该花多长时间进行这些教学？""我们何时可以开始单段落提纲的学习？""我是否应该坚持句子扩写，直到我认为学生掌握为止？""我们如何确定开始写作引言的时机？"

我们理解老师们需要关于教学节奏以及教学时机的明确指导，我们也希望我们能提供直接的答案，但写作指导并非如此简单。没有一种放之四海而皆准的方法。你需要根据学生的初始水平、需求以及学习能力来作出判断。我们在第11章讨论的学年初写作评估可以帮助你确定教学重点和目标，后来提及的形成性评估可以指导你如何调整这些目标。

在决定在任何一种TWR方法或练习上花费多长时间时，你必须运用自己的判断力来评估学生的口头和书面语言能力。需要考虑的因素包括：

- 学生在学年初和学年中评估的表现；
- 开始学习TWR方法的年级；
- 对英语语法规范的熟悉程度；
- 他们需要在写作中明确哪些内容应该包含、省略或修改，以确保读者能够理解。

此外，正如我们之前提到的，写作比任何其他任务都更能考验学生的工作记忆和执行功能。记住，我们能在工作记忆中保存的信息量是有限的。如果你的学生仍在努力学习写作的基本技巧——如书法、拼写、用法等——他们就无法在工作记忆中为思考目的、意义、读者、词汇选择和句法等更高层次的方面腾出空间。在深入探讨这些问题之前，他们需要先掌握一定的基础技能，使得技巧操作不再占据他们的主要注意力。

各年级的练习顺序

以下练习顺序假设学生在对应的特定年级学习霍克曼方法。如果你的学生和我们的假设条件不一致,那么你需要进行相应地调整。但是,不要仅仅因为学生是9年级或10年级的学生,就假设他们已经能理解句子概念,或者知道如何计划和构建有效的段落。根据我们的经验,许多高中生都还没有掌握这些技能。

所有第一次接触TWR方法的学生,无论他们的年级如何,都应该从句子级别的策略和练习开始,并按顺序学习。

学生在继续学习之前,并不一定要完全掌握每一种技巧。他们只需要学习几种基本策略就可以学习如何制定简单的单段落提纲。此外,他们还可以使用这些策略将他们在提纲上写下的单词和词组转换成段落中的句子。

这个顺序是递归的。以下每个年级的练习都包含之前所有年级介绍过的内容。这些策略和练习都应该成为初中和高中教学常规的一部分——无论是那些熟悉这些策略的学生,还是那些刚接触TWR方法的学生。老师要始终记住,将这些练习嵌入课程内容不仅能教写作,而且也是教授学科知识的有效方法。

尽管本书的主要教学对象是3—12年级的学生,但我们认为如果能从K—2年级(幼儿园至小学2年级)的学生开始,可以更好地为后续年级奠定基础。

K—2年级

年级	句子	记笔记	单段落提纲和段落	修改/编辑	总结	过渡提纲、多段落提纲和文章
K	所有这些练习都应该进行口头练习：练习句子扩写（when、where、why）；使用基本的连词because和but；识别句型（陈述句和疑问句）；将残缺句补充完整；使用正确的大小写和句末标点；完成以从属连词after和before开头的句子主干			所有这些练习都应进行口头练习；头脑风暴更生动或具体的词汇来替代那些模糊或过度使用的词语（例如fun、good）		
1	包含K年级的练习，以及：练习句子扩写（who）；识别句型（祈使句、感叹句）；提出问题。添加从属连词if和when；初期应进行口头练习		以全班为单位练习创建单段落提纲和段落	继续进行K年级的练习		

第13章 将方法付诸实践：不遗漏任何策略

年级	句子	记笔记	单段落提纲和段落	修改/编辑	总结	过渡提纲、多段落提纲和文章
2	包含所有K年级和1年级的练习，以及：练习使用所有疑问词和句子扩写；使用基本的连词because、but和so；纠正连写句；重新排列包含五个或六个词的句子；添加从属连词Even though、Whenever 和 Although；完成以说明性过渡词开头的句子，过渡词要跟在一个陈述句后面（例如，Dogs make good pets. For example…）；合并两到三个句子		包含所有1年级的练习，以及：使用时间和顺序过渡词为给定的主题句创建叙述性单段落提纲；为给定的主题句口头形式填写单段落提纲（以关键词和短语的形式写出），并以全班为单位撰写段落提纲（叙述性和说明性文本结构）；区分主题句和细节句；使用句型从给定的细节句生成主题句；从清单中选择相关的细节来支持给定的主题句	包含所有K年级和1年级的练习，以及：在明确的指导下，班为单位修改段落草稿		

313

3—5年级

年级	句子	记笔记	单段落提纲和段落	修改/编辑	总结	过渡提纲、多段纲和文章
3	将残缺句补充完整；重新排列句子；使用正确的大小写和标点符号；区分句型；练习句子扩写；针对内容提出问题；纠正连写句；使用基本的连词 because、but 和 so。使用从属连词 After、Before、If、When、Even though、Whenever、Although 和 Since；合并两到三个句子；应用过渡词：时间和顺序1A，结论和说明；练习同位语（在学年中期或期末引入）	在虚线上写关键词、短语和常用词缩写；学年中期引入符号（/、=、→、+）	以全班为单位为以下文本结构创建单段落提纲： • 记叙文 • 观点文 • 说明文 使用单段段落提纲支架练习： • 以全班提纲为单位创建一个单段落提纲； • 从细节中区分出主题句； • 确定主题句并对细节进行排序； • 相关的细节，并从清单或单段落提纲中删除不相关的细节； • 给定主题句，生成细节； • 练习两种（如果学习过同位语则为三种）撰写主题句或结论句的方法； • 给定主题句/题目，生成主题句； • 给定主题句和细节，生成结论句； • 给定主题/题目，独立构建段落提纲； • 根据单段落提纲起草一个段落	头脑风暴更生动或具体性的词来替代模糊词或过度使用的词语；头脑风暴具体词来替代模糊词；改进给定的主题句和结论句；修改段落草稿（首先以全班为单位，然后以两人一组或多人小组为单位）；根据明确的反馈修改草稿；校对和编辑逗号、大小写、标点符号、残缺句、连写句和拼写错误		

第 13 章 将方法付诸实践：不遗漏任何策略

年级	句子	记笔记	单段落提纲和段落	修改/编辑	总结	过渡提纲、多段落提纲和文章
4	包含 3 年级的练习，以及：添加从属连词 While 和 Unless；合并三到四个句子；添加过渡词：时间和顺序、转折和强调	包含 3 年级的练习，以及：引入其他符号	包含 3 年级的练习，以及：为以下文本结构创建单段落提纲： • 问题/解决方案 • 原因/结果 创建支持性单段落提纲和反对性单段落提纲	包含 3 年级的练习，以及：根据明确的指导，独立修改段落草稿；检查动词时态和数字的一致性；在修改时使用句子策略（过渡词、同位语、从属连词、句子扩写等）；使用修改与编辑检查表来修改草稿	概括句；单段落提纲总结	以全班为单位介绍过渡提纲；以全班为单位制定一个关于主题的论点；以全班为单位为过渡提纲制定结论性陈述；根据过渡提纲起草文章；修改和编辑文章
5	包含所有 3 年级和 4 年级的练习	包含所有 3 年级和 4 年级的练习	包含所有 3 年级和 4 年级的练习	包含所有 3 年级和 4 年级的练习，以及：运用说明性过渡词和直接或释义性的引文来引用文本中的证据；根据一般的指导独立修改段落草稿	包含所有 4 年级的练习	包含所有 4 年级的练习，以及：为一个项目的正反论证列出过渡提纲并撰写文章；为这些过渡提纲构创建过渡提纲： • 记叙 • 问题/解决方案 • 比较和对比 • 原因/结果

315

6—8年级

年级	句子	记笔记	单段落提纲和段落	修改/编辑	总结	过渡提纲、多段落提纲和文章
6	使用以下策略： • 将残缺句补充完整； • 重新排列句子； • 区分句型； • 练习句子扩写； • 提出问题； • 使用基本的连词 because、but 和 so； • 使用从属连词 After、Before、If、When、Even though、Whenever、Although、Since、While 和 Unless； • 合并三到五个句子； • 使用过渡词； • 使用同位语	在虚线上写关键词、短语、常用缩写和符号	为以下文本结构创建单段落提纲： • 记叙 • 观点 • 问题/解决方案 • 原因/结果 创建单独的支持性单段落提纲和反对性单段落提纲； • 以全班为单位创建单段落提纲和段落提纲； 从细节中区分出主题句； 确定主题句并对细节进行排序； 从清单中选择相关的细节； 从清单或单段落提纲中删除不相关的细节； 给定主题，生成细节； 给定主题，生成3种策略的结论句； 练习写主题句和结论句； 给定主题/题目，生成题句； 给定主题提纲； 根据单段落提纲撰写一个段落草稿	使用具体词和多种表达替代模糊词或过度使用的词语。 使用3种策略改进给定的主题句和结论句； 在给出明确的指导后修改段落草稿，之后只需给出一般指导； 在给出明确的指导后修改草稿，之后只需给出一般指导； 校对和编辑逗号、大小写、标点符号、残缺句、连写句和拼写错误。 检查动词时态和数字的一致性； 在修改过程中运用过渡词策略（如过渡词、同位语、从属连词和句子扩写）； 运用说明性过渡词和直接或释义性的引文来引用文本中的证据； 使用修改与编辑检查表来检查草稿	结论句； 单段落提纲总结	以全班为单位制定一个过渡提纲； 以全班为单位创建过渡提纲； 给定一个论点陈述，填写中心思想； 给定一个论点陈述，以笔记的形式填写过渡提纲细节框； 根据过渡提纲写草稿； 修改和编辑草稿； 独立创建过渡提纲； 为以下文本结构构建过渡提纲： • 记叙 • 问题/解决方案 • 比较和对比 • 原因/结果 为一个中立方案 包含三到四个段落的正反论证列过渡提纲并撰写文章

316

7年级和8年级

学生应该继续练习在6年级引入的所有句子、记笔记、段落（单段落提纲）、修改和总结练习。

老师应该向学生介绍多段落提纲以及后续练习。

还没有准备好使用多段落提纲的学生可以继续使用过渡提纲，但主题要与班上其他学生相同。

- 以全班为单位创建多段落提纲。
- 介绍多段落提纲引言部分的一般性陈述、具体陈述和论点陈述格式。
- 介绍多段落提纲结论的一般性陈述、具体陈述和论点陈述格式。
- 练习为多段落提纲制定发展计划。
- 根据多段落提纲写草稿。
- 为根据多段落提纲创作的文章独立撰写引言和结论。
- 根据多段落提纲修改和编辑草稿。
- 为以下文本结构创建多段落提纲：
  - 记叙
  - 问题/解决方案
  - 比较和对比
  - 原因/结果
  - 正反论证
- 给定一个有争议的主题，研究双方论点，并为一篇正反论证制定一个论点陈述。
- 为一篇正反论证的论点和反驳观点排序。
- 根据多段落提纲起草、修改和编辑一篇正反论证。

9—12年级

年级	句子	记笔记	单段落提纲和段落	修改/编辑	总结	过渡提纲、多段落提纲和文章
9–10	将残句补充完整；重新排列句子；使用正确的大小写和标点符号；区分句型；练习句子扩写；纠正连写句；使用基本的连词 because, but 和 so；使用从属连词 After, Before, If, When, Even though, Whenever, Although, Since, While 和 Unless 合并三到五个句子；使用过渡词；使用同位语	在虚线上写关键词、短语、缩写和符号；常用缩写和符号	为以下文本结构创建单段落提纲： • 记叙 • 问题/解决方案 • 原因/结果 创建单段落支持性提纲和反对性单段落提纲；使用单段落提纲支架练习；以全班为单位创建单段落提纲；排序；从细节中区分出主题句；确定主题句并对细节进行择相关的细节；从不相关的细节中删除不相关细节；3种策略：• 给定主题句，生成细节；• 给定主题/题目，生成主题句和细节；• 给定主题/题目，独立生成主题句和细节；结论句：• 给定单段落提纲；建单段落提纲撰写段落	头脑风暴更生动或具体的词汇来替代模糊词或使用过度的词语；改进给定的主题句和结论句；给定明确指导和一般指导，修改段落草稿；给定明确指导和一般指导，校对并编辑，使用正确的大小写标点符号；检查动词时态和数字的一致性；在修改过程中运用句子策略（如过渡词、同位语、从属连词和句子扩写）；运用说明性过渡词和直接或解释性文本中引用来的证据；使用修改写编辑检查表来检查草稿	结论句；单段落提纲总结	对于尚未准备好使用多段落提纲的学生，可以采用过渡提纲；以全班为单位创建多段落提纲；介绍多段落提纲引言部分的一般性陈述、具体性陈述和论点陈述的格式；介绍多段落提纲中结论部分的一般性陈述、具体性陈述和给论；学习如何根据多段落提纲独立撰写引言和结论；根据多段落结构创建多段落；为以下文本结构创建多段落文章： • 记叙 • 问题/解决方案 • 比较和对比 • 原因/结果 给定一个有争议的主题，研究双方论点，并为一篇论文制定一个论点陈述；反驳观点陈述；根据多段落提纲创作一篇论文

11—12年级

学生应该继续练习在9—10年级引入的所有句子、记笔记、段落（单段落提纲）、修改、总结和文章（多段落提纲）练习。记住，练习的严谨性是根据内容确定的。

此外，老师还应该向学生介绍以下的研究论文练习。

整个创建研究论文的过程应该首先由老师进行示范，并以全班为单位进行练习。从传记类文章开始。

第1部分：背景文章、来源和研究计划

- 阅读和批注背景文章。
- 从学术数据库中收集一手和二手资料。
- 画出这些资料中的关键词和短语。
- 编写参考文献页面。
- 制定研究计划和论点陈述。
- 根据这些资料在索引卡上做笔记。
- 根据研究计划对索引卡进行排序。

第2部分：根据研究计划准备扩展多段落提纲

- 使用索引卡上的笔记为多段落提纲制定细节。
- 起草研究论文引言。
- 将多段落提纲转换成研究论文。

练习以下类别论文的研究过程：

1. 传记类
2. 重大事件

3. 问题或议题

4. 议论文

5. 比较和对比

教学节奏指导

TWR方法的教学节奏指导灵活多样。有的情况下，你可能需要加快进度；而有时候，你可能需要回头复习。请记住，你的教学节奏应根据学生的技能水平确定，而非他们的年级。如果你在中学任教，那么相比小学低年级的老师，你可以加快学生学习这些策略的进程。但是如果你的学生刚刚接触英语、有语言学习障碍，或面临其他挑战，那么情况可能就并非如此了。

不止是写作教学法：利用TWR方法提升学生的思维能力

TWR方法不仅仅是一种教写作的方法，更是一种教学方法。这种方法可能与你平时的教学方式不同，你在采用时需要进行一些调整。但根据很多老师的反馈，他们能很快适应。他们可以将这一方法快速融入所有的教学活动中，比如呈现信息、提出问题、检查理解情况以及设定目标。而且现在他们仍经常使用这种方法，因为他们发现TWR方法不仅能显著提高学生的写作能力，还能提升学生对课程内容的掌握程度、分析能力、阅读理解能力和口语表达技巧。

如果你所在学校中的其他老师也在尽可能多的科目中实施霍克曼方法，那么很可能你也看到了他们的教学成果。如果可以的话，与这些老师合作，协调教学节奏，分享你们观察到的结果和想法。

即便你独自开展工作，你也可以对学生的写作能力和他们的整体学习产生重大影响。如果你能够向学生传授逐步提升写作和思维能力、拓展知识面的有效策略,并让他们持之以恒地练习,那么你将赠予他们一份宝贵的礼物,这份礼物很可能改变他们的人生。

总结

- 持续运用你已经教授过的TWR方法,并适时引入新的策略。
- 所有学生,不论他们的年级或能力水平,都应从句子级练习起步,并逐步完成所有构建提纲的支架步骤。
- 在决定某个特定TWR方法或一组练习所需的投入时间时,需要你运用专业判断力评估学生的具体需求和能力。
- 根据TWR方法的教学节奏指导,结合学年初的评估情况,为整个学年设定目标。
- 请记住,每个年级的教学节奏指导都包含了之前年级接触过的所有TWR练习。

附录

A. 说明文写作术语

B. 缩写和符号

C. 过渡词/词组

D. 修改与编辑检查表

E. 写作评估清单

F. 单段落提纲

G. 单段落提纲（书评）

H. 概括句

I. 过渡前提纲（2段）

J. 过渡前提纲（3段）

K. 过渡提纲（3段）

L. 过渡提纲（4段）

M. 过渡提纲（5段）

N. 多段落提纲（3段）

O. 多段落提纲（4段）

P. 多段落提纲（5段）

Q. 多段落提纲（书评）

A. 说明文写作术语

ANALYZE（分析）

讲述中心思想或具体要点，及其关联方式和重要性。

COMMENT（评论）

讨论、批评或解释主题。

COMPARE（比较）

描述事物相似之处。

CONTRAST（对比）

描述事物不同之处。

CRITICIZE（批判）

根据优点和缺点进行评价。

DEFINE（定义）

给出单词或概念的含义。

DESCRIBE（描述）

呈现事物、人物、情境或一系列事件的文字画面。使用包含5种感官的细节：视觉、听觉、嗅觉、触觉和味觉。

DISCUSS（讨论）

探讨关于某个主题的想法或观点，或从各个角度进行考虑。

ENUMERATE（列举）

逐个列出指定要点，例如中心思想或步骤。

EVALUATE（评价）

判断某个想法重要程度或给出专家意见；解释优缺点和局限性。

EXPLAIN（解释）

描述清楚；解读。

ILLUSTRATE（举例说明）

通过举例说明进行解释。

INTERPRET（解读）

使用例子、想法或观点来表达含义。

JUSTIFY（证明）

陈述你认为某个想法重要的充分理由；呈现事实来支持一个立场。

RELATE（关联）

描述事物是如何关联的，或者一件事是如何导致另一件事发生的。

STATE（陈述）

尽可能清晰地描述。

SUMMARIZE（总结）

简要地呈现要点。

TRACE（追溯）

追溯某个想法的进展或历史。

B. 缩写和符号

缩写

am or pm	before or after noon	lg	large
amt	amount	max	maximum
asap	as soon as possible	min	minimum
b/4	before	nat'l	national
b/c	because	p., pp.	page, pages
c.s.	concluding sentence	re:	regarding
ch	chapter	s	specific statement
cont'd	continued	sm	small
e.g. or ex.	for example	T	thesis statement
esp.	especially	T.S.	topic sentence
etc.	et cetera: and so forth	vs.	versus
G	general statement	w/	with
gov't	government	w/in	within
i.e.	in other words	w/o	without
addresses	(Ave., St.)	numbers	(four = 4)
days	(Mon., Tue., Wed., etc.)	states or countries	(NY, US)
measurements	(qt., ft., lb. tsp.)	titles	(Ms., Mrs., Mr., Dr.)
months	(Jan., Feb., Mar., etc.)		

符号

/	comma or period	< or >	less than or more than
=	means that	%	percent
+ or &	and	@	at
→	results in	$	money
*	important	↑ or ↓	increase or decrease
#	number	¶	paragraph

C. 过渡词 / 词组

1A：时间和顺序	1B：时间和顺序	2：结论
first	initially	in conclusion
second	previously	to conclude
last	soon	in closing
then	later on	in summary
next	at last	clearly
finally	additionally	as a result*
also	currently	consequently*
in addition	earlier	finally
before**	meanwhile	therefore*
later	during**	thus*
after	simultaneously	in the end
	furthermore	ultimately
3. 说明	**4. 转折**	**5. 强调**
for example	but	in addition
for instance	however	in particular
such as	even though**	certainly
specifically	in contrast	obviously
as an illustration	otherwise	above all
to illustrate	on the other hand	most important
in particular	although**	primarily
particularly	yet	particularly
	instead	moreover
	on the contrary	notably
		keep in mind

*因果关系过渡词的示例；有关更多信息，请参见第4章中结论性过渡词部分。

**这些过渡词需要跟在短语后面或以从属从句开头。

D. 修改与编辑检查表

你的草稿是否与提纲一致

1. 你的主题句（或论点）陈述是否清晰？＿＿＿＿＿＿

2. 你的主题句是否使用了3种策略之一？＿＿＿＿＿＿

3. 支持性细节是否是按最佳顺序排列？＿＿＿＿＿＿

4. 支持性细节是否支持你的主题句？＿＿＿＿＿＿

5. 你的结论句（或结论段落）是否与你的主题句（或引言段落）过于相似？＿＿＿＿＿＿

6. 过渡提纲和多段落提纲：是否所有中心思想框里的内容都支持你的论点陈述？＿＿＿＿＿＿

你能改进你的句子吗

1. 你是否使用了不同类型的句子？＿＿＿＿＿＿

2. 你是否使用了从属连词？＿＿＿＿＿＿

3. 你是否使用了"but""because"或"so"？＿＿＿＿＿＿

4. 是否有一些句子可以合并？＿＿＿＿＿＿

5. 是否有一些句子可以扩展？＿＿＿＿＿＿

6. 你是否使用了过渡词？＿＿＿＿＿＿

7. 你选择的词汇是否生动？＿＿＿＿＿＿

8. 你选择的词汇是否准确？＿＿＿＿＿＿

你的草稿是否存在错误

1. 是否有连写句？＿＿＿＿＿＿

2. 是否有残缺句？＿＿＿＿＿＿

3.是否有拼写错误？_____

4.是否有标点符号使用错误？_____

5.是否有单词大写错误？_____

6.你是否检查了时态和数量词的一致性？_____

7.是否存在重复的单词、短语或想法？_____

8.是否存在不相关的单词、短语或想法？_____

E. 写作评估清单

写作评估清单：单段落提纲（SPO）

学生：_____   日期：_____

年级：_____

标准	是	发展中	否	备注
使用3种策略之一制定主题句（勾选使用的策略）： • 句型 • 从属连词 • 同位语				
以笔记形式撰写细节				
对细节进行正确排序				
包含3—4个支持性细节				
使用3种策略之一撰写结论性陈述（勾选使用的策略）： • 句型 • 从属连词 • 同位语				

写作评估清单：段落（由单段落提纲生成）

学生：_____   日期：_____

年级：_____

标准	是	发展中	否	备注
段落与提纲一致				
段落有主题句				
每个句子都支持主题句				
使用的句子策略（勾选使用的策略）： • 句子扩写 • because-but-so • 从属连词 • 同位语 • 过渡词				
段落有结论句				
已编辑（勾选相应的框）： • 残缺句/连写句 • 拼写 • 大小写 • 时态一致性 • 数字一致性 • 重复 • 不相关的信息				
段落包含结论句				

写作评估清单：过渡提纲

学生：_____   日期：_____

年级：_____

标准	是	发展中	否	备注
制定论点陈述				
为中心思想栏写类别				
以笔记形式撰写细节				
对细节进行正确排序				
包含至少3个支持性细节				
制定一个结论性陈述				

写作评估清单：文章（由过渡提纲生成）

学生：_____   日期：_____

年级：_____

标准	是	发展中	否	备注
文章与提纲一致				
文章包含论点陈述				
每个段落都有主题句				
每个段落都支持论点陈述				
使用了各种句子策略，包括： • 句子扩写 • 基础连词和从属连词 • 同位语				
正确地使用过渡词				
文章包含结论性陈述				
已编辑： • 残缺句/连写句 • 拼写 • 大小写 • 时态一致性 • 数字一致性 • 重复 • 不相关的信息				

写作评估清单：多段落提纲

学生：_____　　日期：_____

年级：_____

标准	是	发展中	否	备注
制定论点陈述				
为引言和结论写GST和TSG				
为中心思想栏写类别				
对类别进行正确排序				
以笔记形式撰写细节				
对细节进行正确排序				
包含至少3—4个支持性细节				

写作评估清单：文章（由多段落提纲生成）

学生：_____   日期：_____

年级：_____

标准	是	发展中	否	备注
文章与提纲一致				
每个段落都有主题句				
每个段落都支持论点陈述				
使用句子策略（勾选相应的框）： • 句子扩写 • 基础连词和从属连词 • 同位语				
正确使用过渡词				
撰写有效的引言： • 一般性陈述 • 具体陈述 • 论点陈述				
撰写有效的结论： • 改写论点陈述 • 具体陈述 • 一般性陈述				
已编辑（勾选相应的框）： • 残缺句 • 连写句 • 拼写 • 大小写 • 时态一致性 • 数字一致性 • 重复				

F. 单段落提纲

姓名： _____   日期： _____

T. S. _____

_____

_____

1. _____
2. _____
3. _____
4. _____

C. S. _____

_____

_____

G. 单段落提纲（书评）

姓名：＿＿＿＿＿＿＿＿＿＿　　日期：＿＿＿＿＿＿＿＿＿＿

T. S.（包含书名和作者）：＿＿＿＿＿＿＿＿＿＿

＿＿＿＿＿＿＿＿＿＿＿＿＿＿＿＿＿＿＿＿

＿＿＿＿＿＿＿＿＿＿＿＿＿＿＿＿＿＿＿＿

BOOK SUMMARY：

1. ＿＿＿＿＿＿＿＿＿＿＿＿＿＿＿＿＿＿＿＿

2. ＿＿＿＿＿＿＿＿＿＿＿＿＿＿＿＿＿＿＿＿

3. ＿＿＿＿＿＿＿＿＿＿＿＿＿＿＿＿＿＿＿＿

4. ＿＿＿＿＿＿＿＿＿＿＿＿＿＿＿＿＿＿＿＿

C. S（观点和推荐读者）：＿＿＿＿＿＿＿＿＿＿

＿＿＿＿＿＿＿＿＿＿＿＿＿＿＿＿＿＿＿＿

＿＿＿＿＿＿＿＿＿＿＿＿＿＿＿＿＿＿＿＿

H. 概括句

姓名：＿＿＿＿＿＿＿＿＿＿　　日期：＿＿＿＿＿＿＿＿＿

WHO/WHAT？ ....

(DID/WILL DO) WHAT？ ....

WHEN？ ....

WHERE？ ....

WHY？ ....

HOW？ ....

结论陈述：

＿＿＿＿＿＿＿＿＿＿＿＿＿＿＿＿＿＿＿＿＿＿＿＿＿＿＿＿＿

＿＿＿＿＿＿＿＿＿＿＿＿＿＿＿＿＿＿＿＿＿＿＿＿＿＿＿＿＿

＿＿＿＿＿＿＿＿＿＿＿＿＿＿＿＿＿＿＿＿＿＿＿＿＿＿＿＿＿

＿＿＿＿＿＿＿＿＿＿＿＿＿＿＿＿＿＿＿＿＿＿＿＿＿＿＿＿＿

I. 过渡前提纲（2段）

姓名：_____   日期：_____

主题：_____

论点陈述：_____

_____

T. S. _____

_____

    1. _____

    2. _____

    3. _____

    (4.) _____

T. S. _____

_____

    1. _____

    2. _____

    3. _____

    (4.) _____

结论陈述：_____

_____

J. 过渡前提纲（3段）

姓名：_____　　日期：_____

主题：_____

论点陈述：_____

T. S. _____

　　_____

　　　　1. _____

　　　　2. _____

　　　　3. _____

　　　　(4.) _____

T. S. _____

　　_____

　　　　1. _____

　　　　2. _____

　　　　3. _____

　　　　(4.) _____

T. S. _____

　　_____

　　　　1. _____

　　　　2. _____

　　　　3. _____

　　　　(4.) _____

结论陈述：_____

_____

K. 过渡提纲（3段）

姓名：_____ 日期：_____

主题：_____

论点陈述：_____

_____

中心思想	细节
1.	....
2.	....
3.	....

结论陈述：_____

_____

L. 过渡提纲（4段）

姓名：＿＿＿＿＿＿＿＿＿＿＿＿＿＿　　日期：＿＿＿＿＿＿＿＿＿＿

主题：＿＿＿＿＿＿＿＿＿＿＿＿＿＿＿＿＿＿＿＿＿＿＿＿＿＿＿＿

论点陈述：＿＿＿＿＿＿＿＿＿＿＿＿＿＿＿＿＿＿＿＿＿＿＿＿＿＿

＿＿＿＿＿＿＿＿＿＿＿＿＿＿＿＿＿＿＿＿＿＿＿＿＿＿＿＿＿＿＿

中心思想	细节
1.	....
2.	....
3.	....
4.	....

结论陈述：＿＿＿＿＿＿＿＿＿＿＿＿＿＿＿＿＿＿＿＿＿＿＿＿＿＿

＿＿＿＿＿＿＿＿＿＿＿＿＿＿＿＿＿＿＿＿＿＿＿＿＿＿＿＿＿＿＿

M. 过渡提纲（5段）

姓名：＿＿＿＿＿＿＿＿＿＿＿＿＿ 日期：＿＿＿＿＿＿＿＿＿＿

主题：＿＿＿＿＿＿＿＿＿＿＿＿＿＿＿＿＿＿＿＿＿＿＿＿＿＿

论点陈述：＿＿＿＿＿＿＿＿＿＿＿＿＿＿＿＿＿＿＿＿＿＿＿＿

＿＿＿＿＿＿＿＿＿＿＿＿＿＿＿＿＿＿＿＿＿＿＿＿＿＿＿＿＿

中心思想	细节
1.	
2.	
3.	
4.	
5.	

结论陈述：＿＿＿＿＿＿＿＿＿＿＿＿＿＿＿＿＿＿＿＿＿＿＿＿

＿＿＿＿＿＿＿＿＿＿＿＿＿＿＿＿＿＿＿＿＿＿＿＿＿＿＿＿＿

N. 多段落提纲（3段）

姓名：_____　　日期：_____

主题：_____

论点陈述：_____

_____

中心思想	细节
引言 1.	....
2.	....
结论 3.	....

结论陈述：_____

_____

O. 多段落提纲（4 段）

姓名：_____　　　日期：_____

主题：_____

论点陈述：_____

_____

中心思想	细节
引言 1.	....
  2.	....
  3.	....
结论 4.	....

结论陈述：_____

_____

P. 多段落提纲（5段）

姓名：_____ 日期：_____

主题：_____

论点陈述：_____

_____

中心思想	细节
引言 1.	....
2.	....
3.	....
4.	....
结论 5.	....

结论陈述：_____

_____

Q. 多段落提纲（书评）

姓名：＿＿＿＿＿＿＿＿＿＿　　日期：＿＿＿＿＿＿＿＿＿

主题：＿＿＿＿＿＿＿＿＿＿＿＿＿＿＿＿＿＿＿＿＿＿

论点陈述：＿＿＿＿＿＿＿＿＿＿＿＿＿＿＿＿＿＿＿＿

＿＿＿＿＿＿＿＿＿＿＿＿＿＿＿＿＿＿＿＿＿＿＿＿＿

中心思想	细节
引言 1.	
摘要 2.	
观点 3.	

★ 本书由两位顶级专家撰写，北京师范大学教育心理学权威专家翻译并推荐。

★ 围绕"学习是如何发生的"这一核心问题，从教育心理学和认知心理学等领域，为一线教育工作者精选了28项研究成果，阐述了其对教育实践的启示，以及可以直接应用在课堂教学中的实用建议。

★ 涵盖了教育心理学领域最重要的28项研究成果及其在教学实践中的应用，让读者站在巨人的肩膀上，探究学习与教学的本质。帮助教师将学习和教学的过程变得愉快且高效，帮助学习者更会学习。

学习是如何发生的

教育心理学中的开创性研究及其实践意义

ISBN：978-7-5153-6653-1
作者：[荷] 保罗·A. 基尔施纳，[英] 卡尔·亨德里克
2022-07　定价：59.90元

内容简介：本书作者从教育心理学与认知心理学领域精选了关于学习与教学的开创性研究文献，为读者呈现了"学习是如何发生的"最重要发现。每一章介绍了一篇研究文献、其对教育实践的影响、如何在课堂上运用该研究成果以及该研究对于教师的关键启示等。全书分为六个部分，包括：

- 大脑是如何工作的；
- 哪些学习活动支持学习；
- 情境中的学习；
- 学习的先决条件；
- 教师的教学活动；
- 引以为戒的教育迷思与谬误。

对于一线教育工作者以及教育学、教育心理学和学习科学等相关专业方向的学生来说，该书鞭辟入里，引人思考，是必不可少的阅读材料。不管是在校学生还是成年学习者，也都能从阅读本书中获益，跨越学习的障碍，找到适合自己的学习方法，成为自我驱动、自我调节的终身学习者。

保罗·A. 基尔施纳　荷兰开放大学教育心理学荣誉教授，比利时托马斯·莫尔应用科学大学的客座教授。他被认为是许多领域的专家，特别是在高效且愉快的教学设计、计算机支持的合作学习、教育中的媒体使用、复杂认知技能习得等领域。

卡尔·亨德里克　在公立和私立学校任教多年。目前是英国顶尖私立中学威灵顿公学的教师，也是该校学习与研究中心的负责人。2014年他创办威灵顿学习与研究中心，并与哈佛大学教育研究生院等机构合作。

教学是如何发生的

关于教学与教师效能的开创性研究及其实践意义

ISBN：978-7-5153-7032-3
作者：[荷]保罗·A.基尔施纳
　　　[英]卡尔·亨德里克
　　　[美]吉姆·希尔
2023-10　定价：59.90元

★ 本书由三位权威教育专家撰写，浙江大学教育学院课程与学习科学系盛群力、刘徽、屠莉娅、陈丽翠几位教育行业专家学者翻译，得到约翰·哈蒂、丹尼尔·威林厄姆等众多教育领域专业人士推荐。

★ 教师怎样教得好？学生怎样学得会？本书包含来自教育心理学、学习的科学和教学效能领域的30项经典研究，科学解构教学过程，帮助一线教师摆脱错误认知，远离教学错觉，让教学工作更加得心应手，真正实现有效教学。

★ 每个研究为教师提供通俗易懂的专业解析与教学启示，并对如何在教学中使用研究成果提出指导和建议。每章还附有要点提炼，帮助教师理解并快速运用。

★ 本书立足于教学与科学的有机结合，与《学习是如何发生的》相辅相成，让教师深刻理解"教学"与"学习"，完善对整个知识传递过程的思考，进一步提升教师的教学能力与认知水平。

内容简介：在畅销书《学习是如何发生的》的基础上，作者保罗·A.基尔施纳、卡尔·亨德里克和吉姆·希尔一起探讨了有效教学是如何发生的。本书仔细考察了是什么使得教学富有成效，以及哪些教育研究成果可以应用于教师的日常教学之中。

本书介绍了30项教育心理学、学习的科学和教学效能研究领域的重要研究成果，每一章都涉及与教师教学工作有关的重要主题，并清楚简明地说明了研究的意义以及教师如何在日常实践中予以使用。

全书分为六个部分，包括：
◆ 教师效能、发展与成长
◆ 课程开发与教学设计
◆ 教学方法
◆ 教学内容知识
◆ 课堂
◆ 评估

作者简介：保罗·A.基尔施纳，荷兰开放大学教育心理学荣誉教授，比利时托马斯·莫尔应用科学大学的客座教授。他也是美国教育研究协会、国际学习科学协会，以及荷兰人文和社会科学高级研究院的研究员。他还是国际学习科学协会的前任主席、荷兰教育委员会前成员。他被认为是许多领域的专家，特别是在高效且愉快的教学设计、计算机支持的合作学习、教育中的媒体使用、复杂认知技能习得等领域。他发表过350多篇科学文章，并在教师期刊上发表过许多受欢迎的文章。

卡尔·亨德里克，在公立和私立学校任教多年的资深教师。目前是英国知名私立中学威灵顿公学的教师，也是该校学习与研究中心的负责人。2014年他创办威灵顿学习与研究中心，并与哈佛大学教育研究生院等机构合作。

吉姆·希尔，哈佛大学教育研究生院教育领导学博士。现就职于教师培训领域的领导者、美国非营利机构影响力院长联盟（Deans for Impact）。

如何成为高效能教师

作者：（美）黄绍裘　黄露丝玛丽
定价：89.00元

- 美国教师培训经典
- 一套完整的高效能教师培训系统和教师核心素养提升解决方案
- 全球销量超400万册
- 超值赠送60分钟美国专业、受欢迎的网络教学视频
- 200页网络版主题教学拓展资源

卓越课堂管理

作者：（美）黄绍裘　黄露丝玛丽
定价：88.00元

- 获中国教育新闻网2015年度"影响教师的100本书"奖
- 获2016年第25届上海市中小学、幼儿园"优秀图书"奖
- 一套高效管理课堂的完整体系，为广大教师提供50种有效的课堂管理方案
- 并示范高效能教师的6套开学管理计划，让学生通过严格执行50种教育程序获得成功。

马文·柯林斯的教育之道

中国教育报、中国教育新闻网、中国教育学会联袂推荐的教育经典

★ 入选《中国教育报》2019年度"教师喜爱的100本书"
★ 入选中国教育新闻网2019年度"影响教师的100本书"
★ 朱永新倾情作序
★ 李希贵、哈佛大学幸福课沙哈尔教授、斯坦福大学德韦克教授郑重推荐
★ 这部被教育界奉为经典的著作在中文版出版前便已感动、激励了众多中国读者
★ 其英文原著长期占据豆瓣教育类图书好评排行榜Top10

ISBN：9787515355122
著　者：(美)马文·柯林斯　希维娅·塔玛金
译　者：刘琳红
出 版 社：中国青年出版社

★ 内容简介

为什么一间教室发生的故事会引起全美媒体的报道以及全国范围对教育的讨论？
为什么一名中小学教师会连续被两任美国总统邀请担任教育部长？
为什么全美和欧洲各国的教师会来到这所学校观摩她的教学并参加培训与研讨？
为什么成千上万的家长会给她写信希望其帮助解答养育子女的困惑？
　　本书不仅讲述了当代传奇教师马文·柯林斯在教育这条道路上的挣扎与成功，更包含其课堂教学的详尽实录，清晰地传达了她的教育理念、方式与方法。
　　马文·柯林斯不仅仅在教书，更在育人。她希望通过教育，能让学生的生活发生本质的改变。她的故事是任何一个教师、家长的榜样，她的教育理念与教学方法可以运用到任何一个教室与家庭。

★ 作者简介

　　马文·柯林斯　被公认为美国最重要的教育家之一，连续被两任总统邀请，但拒绝出任美国教育部长的当代传奇教师。无数教育者学习她的教育方式，受她的精神启发和鼓舞。《芝加哥太阳时报》《时代周刊》《人物》以及哥伦比亚广播公司、美国广播公司等全国媒体都称她为"奇迹的创造者"。